LATIM EM PÓ

CAETANO W. GALINDO

Latim em pó
Um passeio pela formação do nosso português

8ª reimpressão

COMPANHIA DAS LETRAS

Copyright © 2022 by Caetano W. Galindo

Grafia atualizada segundo o Acordo Ortográfico da Língua Portuguesa de 1990, que entrou em vigor no Brasil em 2009.

Capa
Alceu Chiesorin Nunes

Preparação
Ciça Caropreso

Revisão
Adriana Bairrada
Valquíria Della Pozza

Dados Internacionais de Catalogação na Publicação (CIP)
(Câmara Brasileira do Livro, SP, Brasil)

Galindo, Caetano W.
　Latim em pó : Um passeio pela formação do nosso português / Caetano W. Galindo. — 1ª ed. — São Paulo : Companhia das Letras, 2022.

　ISBN 978-65-5921-353-5

　1. Latim 2. Língua portuguesa 3. Línguas e linguagem I. Título.

22-130576　　　　　　　　　　　　　　　　　　　　CDD-469.9

Índice para catálogo sistemático:
1. Língua portuguesa : História　469.9

Eliete Marques da Silva - Bibliotecária - CRB-8/9380

Todos os direitos desta edição reservados à
EDITORA SCHWARCZ S.A.
Rua Bandeira Paulista, 702, cj. 32
04532-002 — São Paulo — SP
Telefone: (11) 3707-3500
www.companhiadasletras.com.br
www.blogdacompanhia.com.br
facebook.com/companhiadasletras
instagram.com/companhiadasletras
twitter.com/cialetras

para Jerá Guarani, um símbolo, e
Carlos Alberto Faraco, autor deste autor

Flor do Lácio, Sambódromo Lusamérica, latim em pó
O que quer
O que pode esta língua?

                                          Caetano Veloso

Sumário

Bem-vinda 11
Roçar a língua de Luís de Camões 23
O começo de tudo 37
O povo dos cavalos 47
Roma 60
A outra Roma 73
Os "bárbaros" e as aspas 88
Os "árabes" e mais aspas 99
A Reconquista 111
Antes de nós 118
Kriol 130
Cabral 137
Gerais 145
Morte 159
Áfricas 164
Pretoguês 174

Abismo 183
Uma língua, muitas línguas 195
E quem há de negar que esta lhe é superior? 209

Agradecimentos 213
Leituras sugeridas 219

Bem-vinda

O nome dela pode ser Luzia.

Nasceu agora mesmo, no Brasil. Um peso, mas também uma alegria.

Se tudo estiver bem com ela, com sua saúde e seu desenvolvimento, nos próximos anos a menina vai realizar um pequeno milagre. A partir de dados desorganizados, fragmentados e muitas vezes contraditórios, Luzia vai aprender a falar.

Quando, na vida adulta, ou mesmo ainda na escola, ela for tentar aprender um novo idioma, vai entender que não foi à toa que usei a palavra "milagre" agora há pouco. Aquilo que para uma pessoa adulta, instruída, com acesso a todo tipo de recursos e métodos é uma tarefa complicadíssima, uma criança pequena resolve por conta própria, quase sem dar por isso.

A linguagem é algo absolutamente central para a nossa espécie, e somos muitíssimo competentes em pegar esse bastão de uma geração anterior. Caso seja estritamente necessário, chegamos até a desenvolver um idioma que atenda às necessidades do nosso grupo em situações em que nos vemos privados de meios de comunicação, como já aconteceu com crianças surdas que, reunidas, desenvolveram como que do zero uma língua de sinais todinha delas.

E Luzia não há de ser uma exceção.

As exigências para este milagre da aquisição da linguagem são até menores do que as relativas a outros campos: nossa menina pode nascer em condições de violenta pobreza e privação e, mesmo assim, seu desenvolvimento linguístico vai acontecer. Pode demorar um tanto mais, porém vai acontecer. E se tudo estiver razoavelmente bem, ela vai acabar ganhando o domínio completo do idioma dos seus pais, da sua comunidade, do seu país. Ou, na verdade, vai elaborar sua nova versão dessa língua.

Sim, mesmo que Luzia não tenha acesso à educação formal. Nesse caso, é essa variedade do idioma que Luzia não vai ter no bolso. Mas apenas essa.

Como nasceu no Brasil, é quase certo que esse idioma venha a ser o português. Ele vai ter um papel central na existência de Luzia; será o instrumento que ela vai utilizar para aprender, tomar decisões, conquistar o amor de alguém, alertar um amigo, pedir carinho à mãe, dizer bobagens para um filho... Tudo vai se dar nesse idioma. Nessa coisa variada, colorida, esquisita e maravilhosa que chamamos de língua portuguesa.

Em alguns anos Luzia vai poder ler este livro, escrito no que será — quase certamente — sua língua materna.

E podemos ter esse grau de convicção porque, em termos de uma hipotética normalidade mundial, o Brasil está bem fora da curva-padrão. Poucas nações de tamanho mais considerável são tão fundamentalmente monolíngues como a nossa. Na África, na Oceania, na Ásia a gente encontra países onde centenas de línguas diferentes não apenas existem, mas coexistem de verdade, em uso constante entre seus cidadãos. Na Nigéria, por exemplo, que tem uma população um tantinho maior que a nossa, falam-se mais de quinhentos idiomas. Papua Nova Guiné, com menos habitantes que a cidade de São Paulo, usa mais de oitocentos.

E não se trata de "dialetos", termo complicado que muitas vezes é empregado apenas com um sentido preconceituoso, para desclassificar certos idiomas que a princípio seriam menos importantes que outros — via de regra por serem falados por gente menos branca e menos rica, ou por comunidades desprovidas de Forças Armadas, como costumam brincar os linguistas. Estamos falando de línguas: complexas, ricas, diferentes entre si e fascinantes.

É bem verdade que um número considerável de brasileiros utiliza outros idiomas como sua língua primeira. Há os usuários da Libras, a língua brasileira de sinais, que é um idioma pleno e totalmente diferente do português; há os falantes das línguas originárias do Brasil que não foram extintas durante esses séculos de colonização (no censo de 2010, pouco menos de 140 mil dessas pessoas disseram não usar o português em família); há falantes das diversas línguas de colonização que aportaram aqui especialmente no final do século XIX e no começo do XX (o talian dos migrantes italianos, o hunsrückisch ou o pommeranisch dos alemães, entre várias outras, como o árabe, o japonês, o polonês); e há também falantes de línguas que chegaram com migrações mais recentes, como a dos sírios, haitianos e venezuelanos. Parte dessa diversidade, inclusive, é hoje reconhecida por atos legais que nos últimos anos concederam a certos idiomas originários (o baníwa e o tukano, por exemplo) e a algumas línguas de herança (como o pommeranisch) o estatuto de línguas oficiais de seus municípios.

Portanto, o fato de Luzia ter nascido no Brasil e ser uma legítima brasileira não faz dela alguém que, necessariamente, vá ter o português como língua materna, como língua do coração. Mas também é verdade que essa tendência é muito forte em nosso país.

Pense apenas que, quando adulta, Luzia vai poder entrar num automóvel em Pelotas, no Rio Grande do Sul, e cerca de uma semana depois descer em Uiramutã, em Roraima, tendo sido perfeitamente compreendida, ao longo dos quase 6 mil quilômetros que percorreu, na mesma língua falada em seu ponto de partida. Sotaques à parte, é claro.

Uma viagem dessas proporções pelo continente africano, por exemplo, faria Luzia atravessar centenas de zonas linguísticas diferentes e encontrar idiomas que nem sequer são parentes próximos uns dos outros. Lá, ela poderia sair de uma área onde se fala árabe, passar por outras com grupos de usuários de iorubá (uma língua tonal, como o vietnamita) e chegar a pontos onde, no lugar de algumas das nossas consoantes, as línguas têm todo um repertório de cliques, aqueles sons que parecem beijinhos ou estalidos com a ponta da língua.

O Brasil, no entanto, numa dimensão espantosa e até assustadora, é recoberto de modo um tanto uniforme pela língua portuguesa. Mais ainda: é povoado, na mesma espantosa e assustadora dimensão, por pessoas que falam exclusivamente essa língua portuguesa.

É claro que nas classes mais altas e com mais acesso

à educação formal há muitas pessoas fluentes em outras línguas, como o inglês. À medida que a internet, os filmes, a música, as séries e os games vão apresentando o idioma a uma parcela cada vez maior da população mais jovem do país, esse acesso ao inglês como língua global se infiltra em camadas diversas da população. Ainda que esse domínio não seja pleno, e sobretudo não seja algo do dia a dia dessas pessoas, configurando muito mais uma ferramenta de uso específico em determinadas situações, é preciso lembrar que ele existe. Assim como não se pode esquecer daquelas comunidades migrantes, especialmente indígenas, que, mesmo quando usam o português, o fazem ao lado de seu idioma próprio.

De certa forma, portanto, é possível dizer que, nessa longa viagem do sul ao norte do Brasil empreendida por uma Luzia adulta, ela também passaria por diversos grupos de idiomas. O que não altera fundamentalmente quanto é acachapante o domínio do monolinguismo português na nossa sociedade. Olhar para o mapa da América do Sul é ver uma ilha de falantes de português cercada por diversos grupos de falantes de espanhol (e de outras línguas). Na relação com nossos vizinhos mais imediatos, somos facilmente caracterizados como aqueles que falam português. E não é só desse ponto de vista externo: para nós mesmos essa identificação é importante. A língua portuguesa é parte central da nossa definição.

De maneiras muito complexas, o português faz parte da identidade de angolanos e moçambicanos na África, de timorenses na Ásia e de habitantes de outros antigos territórios coloniais de Portugal; no entanto, esses povos tendem a viver num mundo mais marcado pela presença de vários idiomas em seu cotidiano.

Já uma contraparte de Luzia que nascesse em Portugal, lá no Velho Mundo, do outro lado do Atlântico, num país noventa vezes menor que o nosso e com um vigésimo da nossa população, dividiria com ela a mesma certeza: a de que aprenderia o português já no colo dos pais e viveria num país dominado por essa língua, provavelmente precisando apenas dela para viver ali.

Porém. Ah, porém…

Não é preciso recorrer a anedotas, listas de palavras diferentes ou piadas sobre a pronúncia de alguns sons para ficar claro que aquilo que em Lisboa se chama de português tem lá suas diferenças em relação ao que chamamos de português aqui em Curitiba, onde eu estou escrevendo.

Muitos dirão que isso se deve ao fato de nós, aqui, falarmos uma versão conservadora do idioma que em Portugal passou por mudanças mais aceleradas desde os tempos do dito Descobrimento. Isso tem lá seu grão de verdade, mas no fundo a situação, como sempre, é mais complicada. E ela é muito mais complicada do que a narrativa um tanto pacificada que eu ainda ouvi na escola nos meus tempos de criança e que continua fazendo parte do imaginário popular a respeito da formação da nossa língua: a ideia de que o português foi trazido para o Brasil com as caravelas em 1500 recebeu aqui a mera influência de línguas indígenas (e aí vão te mostrar uma lista de palavras com nomes de bichos e plantas), depois sofreu alguma influência de línguas africanas (e tome lista de termos de culinária e candomblé), até que, depois de sentir o sopro dessas novidades, nosso idioma acabou ficando um tantinho diferente do que era. Um português bem temperado.

Parece simples, indolor, algo feito e resolvido. Só que essa conversa precisa ser abordada mais criticamente. Primeiro, os portugueses não trouxeram a língua para cá em 1500. Eles mal vieram para cá em 1500! A colonização de verdade começou décadas depois (a partir de 1532), e em certa medida só engrenaria de maneira convincente depois de 1600. Segundo, não houve nada parecido com essa ideia de que o idioma deles se instalou aqui como um daqueles marcos de pedra que os portugueses cravaram no nosso litoral para confirmar sua posse e que foram sendo calmamente transformados pelos ventos e pela umidade dos trópicos. A história da implementação da língua portuguesa no nosso território é um drama. Nada tem da narrativa pacificada, meio oficial e meio preguiçosa, que nós mesmos costumamos adotar.

O português correu, muitas vezes e durante muito tempo, o risco de desaparecer, suplantado por línguas nossas, que ao menos até o século XVIII eram, em muitas situações, as mais usadas nas cidades do Norte e na vasta região dominada por São Paulo, tanto entre brancos quanto entre não brancos.

O Brasil unificado que fala português só começa a se delinear um ano depois da declaração da Independência, em 1823, quando o Estado do Grão-Pará e Maranhão, área que, grosso modo, compreendia a nossa atual região Norte e onde ainda se falava muito nheengatu, decide se unir aos independentistas do Sul. A Amazônia só passaria a ser terra fundamentalmente lusófona lá pelos anos 1920. Antes, a região iria sofrer dois processos de encolhimento da população falante de nheengatu — a repressão à revolta da Cabanagem e o alistamento forçado para a Guerra do Paraguai — e depois a migração coordenada de retirantes do Nordeste, esses sim falantes de português, num esforço de repovoamento que também serviu para fornecer mão de obra para o ciclo da borracha na região amazônica.

Ainda assim, mesmo com essa "vitória" do português unificado em terras de Pindorama, não cabe pensar na estabilidade inalterável daquele marco de pedra mal tocado pelo musgo, pelo sol e pela brisa. O português que herdamos, e que durante o século XIX vai começar a dar corpo à literatura, à imprensa, aos debates (e a boa parte da cultura em nosso país), não pode ser classificado assim tão tranquilamente como um fio ininterrupto vindo desde 1500 até hoje. Para estudiosos da área, fica cada vez mais claro que as características da língua portuguesa falada no Brasil, e que a tornam diferente da que vigora entre os portugueses, por exemplo, assim como a uniformidade do português falado em nosso país (ao viajar de norte a sul de Portugal pode-se encontrar mais variação do que numa distância cinco vezes maior no Brasil), decorrem de um processo histórico de deglutição em que o idioma europeu foi sendo aprendido de maneira improvisada, aproximada (e também miraculosa). O idioma europeu aprendido pelos indígenas e, sobretudo, pelos africanos escravizados, trazidos para cá como mercadoria e provindos de diversas nações e falantes de diversos idiomas, acabaria, assim, transformado em manifestações novas, em versões alteradas do que foi um dia.

Mais do que um monumento pétreo coberto por uma leve pátina do tempo, o que as pesquisas sugerem é que o português falado no Brasil é um mosaico reconstruído a partir dos cacos daquele marco de pedra; e que, para começo de conversa, tratava-se de uma língua humana como todas as outras e, por isso mesmo, era mais uma colcha de retalhos do que um monumento. E isso altera tudo, transformando de mil maneiras o presente que uma criança vai receber ao aprender a falar português.

Ao nascer hoje no Brasil, Luzia é herdeira de um patrimônio. Sim, um patrimônio que inclui a literatura e a cultura portuguesas, e que a torna irmã de Machado de Assis e Cecília Meireles, de Alexandra Lucas Coelho e Fernando Pessoa, e também de Paulina Chiziane e José Eduardo Agualusa. Mas ela herda também um patrimônio de que fazem parte gerações e gerações de indígenas exterminados, milhões e milhões de africanos arrastados para cá, vendidos e massacrados por um sistema que visava privá-los de partes importantes de sua identidade; esse patrimônio é resultado do que essas pessoas tiveram que fazer para aprender a tal língua de Camões e, no processo, deixá-la coberta com suas marcas e cicatrizes.

A língua portuguesa que Luzia vai herdar é resultado

de uma trajetória improvável e única. Resulta do processamento de uma herança europeia por milhões de pretos, pardos, amarelos, indígenas, pobres, desprovidos e desconsiderados, que desde sempre constituíram a imensa maioria da população das fazendas, vilas e cidades; da presença central de mães que transmitiram sua versão dessa língua a seus filhos (frequentemente gerados por homens brancos europeus em atos sexuais com variados graus de consentimento ou violência), tirando das mãos dos homens europeus a linha de transmissão desse patrimônio linguístico e formando gerações de mestiços, de caboclos, pequenos "bárbaros" que podiam se apossar daquela língua sem grandes considerações por Lisboa.

Luzia é mais uma pessoa que vem; ela continua uma história de vidas, de milagres.

Daqui a alguns anos será usuária desta mesma língua em que estamos conversando aqui, esta língua que passou por poucas e boas para chegar aonde está e para ser como é. Tão nossa e tão antiga; tão nova e de origens tão distantes.

Por enquanto, vamos deixar a menina no berço, você e eu. É hora de tentar entender que língua é essa.

Roçar a língua de Luís de Camões

Este livro não é uma história aprofundada da língua portuguesa — ou da língua portuguesa brasileira, ou ainda da língua brasileira, para quem prefere essas denominações. No momento, eu não quero nem mesmo tentar resolver essa questão dos nomes. No fundo, esse não é o maior dos nossos problemas, nem o mais premente.

Como professor e usuário desse idioma, eu me beneficio o tempo todo da leitura de textos acadêmicos e de interesse geral que, esses sim, têm o tamanho, o escopo e a solidez para permitir análises mais aprofundadas. Muitos deles, inclusive, aparecem na lista de leituras recomendadas no fim deste livro. Eles estão lá para quem sentir vontade de se informar melhor sobre algum dos temas que encontrar por aqui.

O meu objetivo é mais modesto.

Eu pretendo fundamentalmente expor as etapas do trajeto de formação da língua que nós falamos todos os dias. Iluminar quanto de um passado muito antigo às vezes se esconde por trás de algo que, para nós, é tão presente quanto o ar à nossa volta. Elencar, também, as diferentes tradições, culturas e povos que contribuíram para a formação do nosso idioma: a família gigante que possibilitou que hoje você fale o que fala, e que fale como fala.

A ideia, com isso, é te levar a fazer perguntas, a pensar mais detidamente sobre coisas que talvez você nem conhecesse ou que até aqui pode ter visto sem prestar muita atenção. É como naquela famosa piada dos peixes que não sabem responder à questão "Como está a água?" porque nunca pararam para se perguntar o que é a água, de tão literalmente imersos que estão nela — nossa relação com o idioma que falamos desde o berço pode nos passar quase despercebida. Esse idioma forma nosso mundo de maneiras tão profundas e tão incontornáveis que talvez, sem ajuda, a gente nunca chegue a parar de verdade para pensar sobre ele.

Mas podemos tentar.

Outro complicador, surgido em várias conversas sobre o tema, é que nós, como sociedade, fazemos com o nosso passado o mesmo que qualquer pessoa faz no nível individual. Com o passar do tempo, vamos montando uma história que parece coerente e que funciona bem para explicar o estado de coisas que queremos compreender hoje, nos termos que queremos ver vigorar hoje. Ou seja, vamos selecionando alguns fatos, deixando outros de fora até serem esquecidos, organizando os restantes em belas cadeias de "explicações" e depois transformando essa narrativa (que nunca deveria deixar de ser vista como apenas uma entre várias possibilidades) numa história com ares de coisa sagrada, inquestionável, exatamente porque ela explica não o mundo como ele é, mas o mundo que corresponde ao que queremos ver. Nós editamos a história para que ela responda às perguntas que são importantes para nós neste momento.

E a história da língua que falamos não é uma exceção a essa regra, sendo também alvo de simplificações e carecendo de necessárias revisões periódicas.

Mas no caso do nosso idioma essa trajetória de visões e revisões, que idealmente seguiria rumo a uma percepção cada vez mais fiel, acaba sendo atravancada de uma maneira toda sua. Isso porque cada falante se sente (devidamente) dono da língua, e assim ele tem, por vezes, dificuldade para ouvir opiniões que contrastem com o que acredita saber perfeitamente bem. Todo falante se julga uma autoridade em questões de língua. E isso pode fazer com que certas "verdades" ganhem uma couraça: fica difícil mostrar que devem ser questionadas.

Dentre as pretensas verdades que existem na relação dos brasileiros com a sua língua está a estranha e paradoxal tendência de descreditar nossa posse do idioma. Assim, parecemos teimosamente dispostos a crer em discursos que relativizem o nosso domínio da língua. Esses discursos podem vir da escola, da imprensa, de certa tradição gramatical, e acabam determinando de maneira muito nítida a imagem que o falante tem de si próprio e de sua competência, criando a mais do que conhecida ideia de que ninguém "fala certo" no Brasil; seja porque o português é uma língua terrivelmente difícil, seja porque somos todos uns broncos, uns ignorantes (ao contrário, é claro, dos portugueses).

Podemos dar início à conversa refletindo um pouquinho sobre essa primeira ideia encouraçada, só para ilustrar o tipo de questionamento que pode surgir aqui. Vamos começar pela hipótese (tantas vezes repetida) de que o português é uma língua particularmente complicada.

Talvez a primeira coisa em que as pessoas pensem quando mencionam essa ideia seja a morfologia. Em específico, as formas do verbo. E, até certo ponto, é verdade que a nossa morfologia verbal (aquelas formas todas que o verbo adota quando muda de pessoa, número, e tempo — *eu faço, você fazia, eles farão*) é relativamente rica. Sobretudo se você a compara com a do inglês, tão mais compacta.

Contudo, vale dizer logo de saída que, na verdade, o inglês é que é a língua anômala nessa comparação. Quem precisa se explicar são eles!

Todas as línguas mais proximamente aparentadas ao inglês (o frísio, o holandês, o sueco, o alemão) se assemelham mais à nossa nesse quesito. Alguma coisa aconteceu na história do inglês para que esse idioma se comporte hoje de maneira tão singular. E esse mesmo acontecimento, que no caso deles ocorreu nada menos que duas vezes, vai aparecer depois em nossa conversa sobre a língua brasileira: trata-se da situação em que um grande grupo de adultos precisa aprender um idioma novo em condições difíceis. Isso não pode deixar de marcar um idioma, e normalmente na direção do que parece ser uma simplificação de suas formas.

A segunda coisa importante a mencionar é que existem muitas, mas muitas línguas com morfologias bem mais complexas do que a nossa (o russo é um caso óbvio). E quando eu digo "bem mais complexas" quero dizer "*bem* mais complexas". Mas para ficarmos com um exemplo de fato radical, vamos pegar o archi, língua falada na antiga república soviética do Daguestão. Só para você ter uma ideia, estima-se que em archi um único verbo possa assumir mais de um milhão de formas diferentes em situações reais de uso. Em outro campo, se você acha muito ter que decorar quatro formas de um adjetivo — masculino, feminino, singular e plural (*bom, boa, bons, boas*) —, imagine esse processo em sânscrito, que, para começo de conversa, tem singular, *dual* e plural, masculino, *neutro* e feminino, além de oito casos nominais que variam de acordo com a função da palavra na frase. No limite, isso produz 72 formas diferentes da palavra.

Por outro lado, línguas com sistemas morfológicos que tendem à economia e à contenção, a exemplo do mandarim na China, e mesmo do dinamarquês, podem se caracterizar por um altíssimo grau de complexidade em outros níveis de análise. Como em seus sons. Talvez você até saiba disto, mas em línguas tonais, como o mandarim (e várias línguas asiáticas, africanas e indígenas do Brasil), é preciso, digamos, cantar as sílabas para alterar o sentido ou a função das palavras na frase. E o dinamarquês, embora não seja tonal, tem 27 sons vocálicos distintivos.

Para terminar de engrossar esse caldo, existem ainda línguas que realizam a façanha de ter sistemas morfológicos agressivamente complexos e também sistemas sonoros muitíssimo densos (o tamazigue, uma língua berbere, ou o georgiano, entre as línguas europeias). Logo, não há bases muito evidentes para argumentar que o português seja uma língua especialmente difícil.

As pesquisas que acompanham o pequeno milagre que é a aquisição de uma língua primeira demonstram que as crianças tendem a levar mais ou menos o mesmo tempo para dominar o idioma materno em culturas diversas, sejam elas falantes de uma língua mais "simples" como o havaiano ou mais "complexa" como o árabe. E vale lembrar que essas definições de complexidade são relativas. O árabe talvez pareça simples para um falante de hebraico, por exemplo.

Claro que as crianças podem demorar um pouco mais para dominar alguns sons de seu idioma materno e certas construções gramaticais (muitos de nós não chegam à mais enraizada maturidade sem dominar construções que empregam o pronome *cujo*?). Mas não se conhecem casos concretos de sofrimento metafísico entre criancinhas falantes de nuxalk ou de !xóõ (o ponto de exclamação é usado para representar um dos mais de 130 sons consonantais do idioma). Na verdade, este é um fato que os linguistas consideram há muito irrefutável: qualquer bebê neurologicamente típico parece capaz de aprender qualquer língua do mundo (e muitas vezes mais de uma ao mesmo tempo) numa velocidade mais ou menos padrão. Tudo depende do local do mundo em que ele calhar de vir à luz. Pelo visto, nascemos prontinhos para aprender qualquer língua. Para recebê-las e tratá-las como iguais.

Logo, é difícil justificar a sensação de que somos incapazes de falar bem nossa própria língua por dificuldades específicas do idioma.

Uai.

Sobrou a explicação da nossa bronquice.

Será que somos de fato mais ignorantes que outros povos? Será que aquele nosso problema com o uso de "cujo" indica o quanto somos toscos e incapazes de dominar as filigranas mais sutis de uma língua refinada como a que herdamos dos portugueses?

Bom...

Os brasileiros nunca tiveram muitos motivos para se orgulhar de seus índices de alfabetização funcional e demoraram muito mais do que a média das nações desenvolvidas para atingir níveis satisfatórios de alfabetização, ponto. Mas o país também está longe de ter os piores indicadores de escolaridade no mundo. E se voltarmos à comparação entre Brasil e Portugal, cabe lembrar que os índices de alfabetização por lá também demoraram bastante para alcançar padrões típicos da Europa. Portanto, é preciso levar em conta que obstáculos como esses não são exclusivos de nossa realidade. Problemas como o do nosso "cujo" são comuns em vários dos idiomas mais "prestigiosos" da atualidade. Os falantes de inglês têm lá suas dificuldades com as construções que envolvem o pronome *whom*. Não somos mais ogros que os outros.

Essa controvérsia se resolve de maneira mais definitiva quando se chega ao terceiro ponto dessa discussão, talvez o mais importante.

Se a maioria dos cidadãos passasse a ignorar sistematicamente os sinais vermelhos nos cruzamentos, com certeza a conclusão do departamento de trânsito seria que estava na hora de investir pesado em campanhas educativas. Acho que ninguém iria pensar na obsolescência dos semáforos, instrumentos necessários para a aplicação de uma lei cuja observância produz benefícios incontestáveis para todos.

Pois então. Aposto que o nosso índice de "desobediência" ao emprego da preposição *de* numa frase como "Você é alguém *de* que eu gosto" é muitíssimo maior do que a taxa diária de sinais vermelhos ignorados pelos motoristas. Isso acontece porque a determinação de uma norma culta do idioma não é um sinal vermelho. A violação dessa regra não põe em risco a segurança de ninguém, não pode ser realmente policiada nem originar a aplicação de uma multa. As leis da gramática escolar não são leis de verdade e nem deveriam ser. No entanto, muitas vezes seus defensores pensam nelas como mais que isso: eles as veem como se fossem mandamentos divinos que não admitem desvios.

As regras de uso de uma língua não podem ser mais determinantes do que o coletivo de seus usuários. Se uma maioria expressiva de falantes se comporta de forma contrária ao que a regra prevê, isso aponta para a necessidade, sim, de alterar a regra e fazer com que ela expresse mais adequadamente os usos da língua na sociedade. Fazendo um paralelo com a linguagem, um semáforo pode e deve ser removido se for constatado que ninguém mais lhe dá bola, ou melhor, quando ele já não tem serventia.

Outro exemplo?

Me diga se o argumento seguinte não te convence. Nós, falantes do português brasileiro, estamos há séculos muito satisfeitos com o hábito de começar sentenças, e até mesmo parágrafos (como este aqui, aliás) com aquilo que a gramática tradicional chama de pronomes átonos. Divindade nenhuma se ofende com isso, nossa comunicação transcorre desimpedida e fluida, o idioma não sofre violências absurdas, nenhum automóvel colide, ninguém morre por causa disso. A bem da verdade, ao falar ou escrever dessa maneira estamos simplesmente seguindo uma tendência antiga e já bem documentada na língua portuguesa, aqui e na Europa.

O poema "Pronominais", em que Oswald de Andrade ria da inutilidade dessas reclamações diante da força do uso popular, já tem quase cem anos. No entanto, ainda é possível encontrar sábias recomendações para que se evite essa construção como o diabo foge da cruz. Ou como o motorista responsável deve evitar furar o sinal vermelho.

Essa preconcepção deriva de uma ideia à qual nós vamos ter que voltar várias vezes.

As línguas mudam. O tempo todo surgem modos alternativos de dizer alguma coisa, formas mais velhas vão desaparecendo, destronadas por novas variantes. E essa mudança, assim que começa a ocorrer, é sempre percebida como desvio, como aberração a ser evitada a qualquer custo. Mas o fato incontornável é que muito do que hoje é tido como refinado, elevado e sofisticado em algum momento foi visto como um desvio simplório e grosseiro da norma-padrão.

Nosso português mais fino é pouco mais que um latim atrapalhado.

A língua dos sonetos de Camões pareceria uma barbaridade para um usuário da forma clássica da língua de

Roma. Isso porque, como dizia o próprio Camões, uma das maiores verdades da condição humana é que tudo muda o tempo todo. Mas é bom não esquecer que no mesmíssimo poema Camões termina reclamando que na época dele essas mudanças machucavam mais, pois "não se muda já como soía". A mudança que acontece diante dos meus olhos é aquela que me agride.

E que exemplo melhor de mudança linguística do que esse verbo "soer" (costumar), que simplesmente deixou de ser empregado de maneira corrente nos últimos quatrocentos e tantos anos?

Verbos surgem, verbos somem, usos se alteram: "continuamente vemos novidades". E essa verdade constante da linguística histórica gera uma consequência igualmente constante: cada geração de falantes aceita todas as mudanças ocorridas antes de sua época como constituidoras de seu patrimônio linguístico. Mas a tolerância vai só até aí. As mudanças vindas com as novas gerações não são aceitas com a mesma docilidade e acabam marcadas como erros e violências contra o idioma. Desde o surgimento dos registros escritos, alguém reclama que os jovens estão acabando com a língua, seja ela o fenício, o tailandês ou o português.

No que se refere a mudanças linguísticas, porém, os jovens não são monstros. Ao contrário: é quase certo que a vitória será das tendências que eles encampam. O Brasil, afinal, não constitui a versão mais jovem da língua portuguesa?

Começar a estudar linguística de verdade é aprender que as coisas são muito mais complicadas do que parecem, e também entender que respostas simples e congeladas no tempo raramente dão conta da realidade multifacetada dos fatos. No nosso caso, recapitulando o saldo desse embate com uma ou duas "verdades" a respeito da língua que falamos, pode-se afirmar, sem medo de errar, que o português é um idioma tão simples e tão complexo quanto qualquer outro, e que os brasileiros são tão competentes no uso do próprio idioma quanto qualquer povo no uso de sua língua nativa. Nosso verdadeiro problema é que por muito tempo tentaram nos convencer de que as mudanças que operamos no idioma eram todas ilegítimas, tentaram nos fazer acreditar que somente as alterações do nobre passado eram aceitáveis, nunca as nossas.

E as razões por trás disso precisam ser compreendidas.

Nós, como falantes da variedade brasileira do português, somos usuários de um idioma que, como qualquer outro, muda o tempo todo, é flexível, difícil de ser controlado. Mas nem por isso precisamos nos tornar pessoas que repetem "verdades" tranquila e inquestionavelmente incrustadas no nosso discurso, e mesmo na nossa cabeça.

Ninguém precisa.

O começo de tudo

Antes de contar qualquer história — de um povo, de um país, e até uma piada —, é fundamental decidir por onde começar.

Quando procuramos em um dicionário etimológico a origem de uma palavra portuguesa, é comum descobrirmos que a raiz dela deriva do latim. Esse parece ser o ponto de partida mais óbvio para pensar a narrativa da formação da língua portuguesa e seu consequente desenvolvimento posterior, o idioma falado aqui no Brasil. O mesmo vale para nosso imaginário, para nosso patrimônio cultural. Isso está bem marcado na famosa formulação de Olavo Bilac, que chamava o português de "última flor do Lácio", em referência à região italiana em que se formou a língua latina. (Só para lembrar, na sequência do verso ele faz questão de chamar essa flor de "inculta".) A mesma lógica se estende até o verso de Caetano Veloso que batiza este livro, que pensa nossa língua como uma espécie de "latim em pó".

E é claro que isso não é um disparate.

O português, assim como o galego, o espanhol, o catalão, o francês, o italiano (e as várias línguas regionais da Itália), o rético e o romeno, além de outras línguas faladas por contingentes menores de pessoas, é parte da dita família das línguas românicas, que nada mais são do que as metamorfoses do latim levado a essas regiões durante a expansão do Império Romano. Logo, pensar que o português vem do latim não é exatamente um equívoco. Talvez seja inclusive mais adequado dizer que o português de fato nada mais é que o latim que evoluiu num trecho da faixa ocidental da Península Ibérica, antes de ser exportado de lá para o outro lado do Atlântico. Não um derivado, mas uma versão do próprio latim.

Isso já altera um pouco a perspectiva. Mas dá para ir ainda mais longe.

O latim dito clássico, aquele que ainda se estuda nos cursos de letras e que deu origem à literatura que nós conhecemos, só vai aparecer em torno do século I antes da Era Comum. Mas existem inscrições já em formas antigas dessa língua que datam do século VII AEC. Ou seja, se estivermos retraçando a história do português até aí, já é possível pensar numa trajetória de mais de 2,5 mil anos.

Só que esse latim arcaico, de uma fase mais antiga,

provinha, ele também, de algum outro idioma que, por sua vez, provinha de outro. As línguas se modificam sem parar. Por exemplo, quando grupos de falantes de uma língua se isolam geograficamente, em cada um deles ocorrem mudanças distintas, o que os leva, com o passar do tempo, a se verem como usuários de sistemas linguísticos divergentes. A acumulação contínua de mudanças vai levando uma língua original a se metamorfosear em idiomas diferentes. Ou, melhor dizendo, esse processo faz com que seus falantes já não se identifiquem como pertencentes a uma tradição anterior, e sim como membros de uma nova tradição: de uma nova língua. Isso significa que o nome dado a uma língua é de certa forma o nome de uma fase histórica de determinado idioma em determinado local. O retrato de um processo em movimento. A língua portuguesa, por exemplo, seria nada mais que o estágio moderno do latim em Portugal.

Essa, aliás, é uma dessas questões aparentemente simples, mas que merecem uma pequena discussão. Nós sabemos dizer o que é de fato um idioma? O que separa um idioma de outro tanto no espaço do mapa quanto na linha do tempo?

Esse também é um bom ponto de partida para a nossa conversa.

Mesmo se começamos olhando logo para o presente, em um recorte sincrônico, como às vezes se diz, as coisas já se complicam. Talvez seja tentador dizer que se duas pessoas se compreendem sem esforço é porque elas falam o mesmo idioma, e que se elas não se compreendem mais é porque falam idiomas distintos.

A essa ideia normalmente se sobrepõe outra, ligada às fronteiras entre os países e baseada numa crença algo ingênua sobre a relação entre idiomas e nações.

A concepção de que a dois passos a oeste de uma linha imaginária num mapa as pessoas falam, digamos, francês, enquanto a dois passos a leste elas falam alemão tem lá sua força intuitiva. Mas basta passear pela longa fronteira que separa o Brasil de seus vizinhos hispanófonos para perceber que existem complicadas zonas de transição mesmo entre realidades razoavelmente bem delimitadas. Os linguistas do século XIX chegavam a afirmar, por exemplo, que seria possível caminhar de Paris a Roma, passando por sutis alterações dialetais a cada dia de viagem, sem jamais sentir uma fronteira brusca e inquestionável entre um idioma e outro.

Além de tudo, a noção de uma intercompreensão direta é um critério assimétrico e determinado também por questões externas ao âmbito linguístico, já que o sistema de sons de uma das línguas do par em questão pode fazer com que ela seja mais facilmente compreensível pelos falantes da outra, mas não vice-versa. Algo assim acontece entre o espanhol e o português europeu. Tende a ser muito mais fácil para um lisboeta entender alguma coisa da fala de um madrilenho do que o contrário.

Essa assimetria pode derivar também de questões políticas e culturais. Em certa medida os portugueses têm mais facilidade de nos compreender quando falamos do que nós a eles. É verdade que a nossa pronúncia tende a ser mais "clara", em termos leigos, do que a deles, mas não se pode desconsiderar que em Portugal eles estão muitíssimo mais expostos à nossa cultura (televisão, música) do que nós à deles. Apesar de isso decorrer de questões econômicas, demográficas e políticas, o fenômeno acaba alterando o que a princípio parecia ser um critério estritamente linguístico.

A política, aliás, tem o péssimo costume de se intrometer em aspectos que, para um olhar distante, são apenas linguísticos. Quando a Índia se tornou independente da Inglaterra em 1947, e logo depois se dividiu em três países (Índia, lar sobretudo da população hindu, e os Estados gêmeos mas separados de Paquistão e Bangladesh, que acolheriam a população muçulmana), o hindustâni, grande língua franca de toda a região, se viu definido como urdu nos países muçulmanos. Assim, como que da noite para o dia, o que era uma língua que até ali podia atender pelos dois nomes tornou-se duas.

O dinamarquês e o norueguês são realidades relativamente recentes, provindas de uma raiz comum unificada há meros duzentos anos. Costuma-se afirmar que pode ser muito mais fácil medir a intercompreensão nessa região da Escandinávia pelo critério da distância geográfica e do grau de exposição de cada falante a cada variedade do que com base em noções de pertencimento a um ou outro estado. O romeno e o moldavo eram uma só língua ainda no finalzinho do século xx, antes do fim do império soviético e do surgimento da Moldávia como país independente.

E o que dizer do chinês, rótulo que abarca várias línguas diferentes que, graças a um mesmo sistema de escrita (que não se concentra tanto no registro dos sons, mas sim no dos conceitos), podem ser escritas da mesma maneira? E o caso do árabe, idioma difundido como língua de religião e de cultura de forma razoavelmente uniforme através de um território gigantesco, mas separado em incontáveis formas regionais por vezes bastante diferentes, a ponto de nem serem tão inteligíveis entre si?

Toda vez que é preciso responder à pergunta "Quantas línguas existem hoje no mundo?" (mais de 7 mil), precisamos começar pela discussão do que é *uma* língua. E tudo fica ainda mais difícil se, além do recorte fotográfico do momento presente, nós nos debruçamos também sobre o fluxo, a passagem do tempo e sobre aquela infindável cadeia de mudanças pela qual passa todo e qualquer idioma.

Na escala do tempo, definir o momento em que um idioma passa a ser outro é uma questão semelhante à das fronteiras traçadas no espaço. Nenhuma linha será clara, a política vai interferir no resultado e a intercompreensão não servirá de critério absoluto. Assim como um macaco nunca deu à luz um hominídeo (e isso não questiona os fundamentos da evolução), jamais um falante de latim amanheceu se julgando usuário de provençal.

Um dos critérios mais interessantes para determinar as fronteiras de um idioma no tempo e no espaço é pura e simplesmente interrogar seus usuários. Se dois indivíduos de comunidades próximas, que utilizam formas muito semelhantes de uma mesma língua-mãe, deram nomes diferentes aos seus idiomas e se identificam como falantes de A ou B, esse critério pode, afinal, ser o melhor. Língua é, assim, aquilo que se considera uma língua.

O mesmo vale para o grande problema por trás da

velha questão de decidirmos chamar ou não de brasileiro o idioma que falamos. Os franceses, por exemplo, já se referem desse modo à nossa língua quando nos traduzem, e mal perguntaram nossa opinião a respeito. O determinante de uma decisão desse tipo será, ou terá sido, decorrente de uma série de atitudes políticas e sociais, e não de constatações de alguma realidade inquestionável, dura e verificável em termos empíricos, científicos. O contínuo de variações sutis que origina as línguas do mundo é recortado e rotulado por motivos nem sempre claros. Quando, e se, houvermos por bem passar a chamar de brasileiro nossa variedade do idioma, isso tampouco vai reconhecer, necessariamente, um estado de coisas prévio nem (muito menos) alterar de imediato a realidade. É bem provável que venha a ser uma decisão que vai refletir determinadas posturas políticas de um período.

Algo do tipo pode ser visto, inclusive, nos textos e na história do que viria a ser chamado de português na Europa: o longo período em que essa variedade de latim vai ocupando mais e mais espaço na sociedade e aos poucos começa a ser descrita por um novo nome.

Essa permeabilidade das fronteiras entre línguas no espaço e no tempo torna ainda mais complexa a tarefa de determinar o ponto de origem da trilha que um dia levaria ao português. Diante da dificuldade de estabelecer delimitações claras que marquem onde este idioma surgiu e aquele outro morreu, aumentam também as dificuldades de estabelecer uma cadeia bem demarcada das línguas que formam essa genealogia. Para começo de conversa, ainda nem sabemos exatamente quando a linguagem verbal surgiu na história da humanidade. Existem, por enquanto, poucas maneiras de investigar um fato simbólico, cultural, no registro fóssil dos hominídeos. Há tentativas de estabelecer correlações entre o tamanho do crânio dos fósseis e o momento em que nosso cérebro poderia estar desenvolvido o suficiente para conseguir elaborar uma linguagem simbólica sofisticada; há tentativas de buscar, nos indícios da presença do osso hioide no nosso trato respiratório, marcas das alterações anatômicas que nos permitiram falar. Mas ainda não podemos cravar de modo inquestionável que os primeiros hominídeos falaram neste ou naquele momento.

Como de hábito, pode-se imaginar que também essa fronteira será menos clara do que as nossas expectativas ousam sonhar. Mesmo que houvesse vídeos de YouTube registrando as interações vocais de todos os hominídeos, talvez ainda assim ficássemos debatendo quando aqueles ruídos deixaram de ser gritos, passaram a ser nomes, viraram frases, se tornaram idiomas e depois se dividiram em línguas distintas.

Mas ao contrário da escrita, que hoje sabemos ter sido inventada de maneira independente em ao menos quatro lugares (inclusive na América Central) e em momentos diferentes, por enquanto temos alguma clareza de que a linguagem surgiu de uma única vez, por mais que esse processo tenha se dado ao longo de um período extenso e se espalhado por uma região ampla — na África subsaariana, no mínimo 100 mil anos antes da Era Comum, antes da difusão definitiva dos hominídeos modernos pela Europa e além dela.

Ou seja, hoje temos bons motivos para acreditar que todos os idiomas que existem e já existiram teriam surgido ou a partir de um mesmo protoidioma ou, mais provável, de um conjunto de protoidiomas originados numa mesma região ao longo de um período, para nossos fins, restrito. É a partir dessa semente que os infindáveis processos de alteração constante, de separação, diferenciação e criação de novas realidades acabaram produzindo toda a história das línguas da humanidade, toda a paisagem dos idiomas falados no mundo hoje, inclusive esta estranha variedade de latim triturado que você também herdou quando nasceu.

O povo dos cavalos

Esse trajeto exposto até aqui faz pensar na narrativa da transformação da linguagem na mesma ordem em que ela ocorreu. Estamos, é claro, partindo do nosso olhar de hoje, mas procuramos indícios antigos que tenham sobrevivido: fósseis que nos permitam reconstruir uma história em linha reta.

Existem, porém, outros métodos de análise que se apoiam na perspectiva inversa, olhando apenas para os dados presentes e tentando entender, a partir deles, os mecanismos da mudança e as probabilidades de supor esta ou aquela narrativa. Esse tipo de trabalho também é realizado na genética e na linguística moderna, com modelos quantitativos que operam com grandes bancos de dados, tentam comparar taxas de variabilidade, ligando, por exemplo, o tamanho dos inventários fonológicos (grosso modo, os sons que as línguas empregam) com a diversidade linguística em áreas de tamanhos comparáveis para estimar qual dessas áreas é a origem de um povo e qual foi seu destino migratório.

Mas na linguística esse tipo de método tem um ancestral nobre. E todo ancestral nobre tem uma origem meio lendária.

Apesar de haver toda uma linhagem de pesquisadores envolvidos no desenvolvimento desse método, e antes mesmo da data que entrou para a história, é praxe atribuir o surgimento dessa nova perspectiva ao ano de 1786. Foi quando um cidadão chamado William Jones, funcionário do sistema colonial britânico na Índia, proferiu uma conferência, hoje famosa, na qual delineou uma hipótese que faria escola e determinaria, por séculos, os rumos do estudo da história das línguas. Ele sugeria que não apenas o latim e o grego (as grandes línguas clássicas do Ocidente), mas também o sânscrito (a grande língua clássica do subcontinente indiano), eram idiomas aparentados.

O parentesco entre o latim e o grego era uma possibilidade já bastante convincente. A grande inovação dessa leitura foi, de um lado, incluir o sânscrito na equação e, de outro, argumentar com toda a clareza que a relação entre esses idiomas era como que fraterna: eles não eram antepassados uns dos outros, e sim descendentes da mesma língua-mãe, que possivelmente não existiria mais. Ele apontava ainda a possibilidade de que outras línguas europeias também fizessem parte dessa família.

Além dessa mudança de perspectiva, o trabalho de toda essa geração de pensadores, que vinha se formando desde a atividade de alguns filólogos holandeses ainda no século XVII, apontava para uma grande mudança de método nas investigações do passado perdido das línguas humanas. Em vez de se apoiarem em especulações sofisticadas ou com base no que a Bíblia afirmava sobre a origem da linguagem, eles, com o bom espírito do Iluminismo cientificista, se debruçaram sobre dados concretos do presente. Comparando as formas, por exemplo, dos pronomes em todas essas línguas, tentaram estabelecer correspondências e regras de mudança. Com o desenvolvimento do método e a aplicação posterior dessa técnica a famílias de línguas com uma origem razoavelmente conhecida, como as línguas românicas, começou a surgir um conjunto de regularidades que permitiu uma coisa nova e extremamente poderosa: a reconstrução de um passado perdido.

Antes da existência de técnicas de gravação (ou seja, antes do final do século XIX), poucas coisas eram mais voláteis que o som, e para tudo que aconteceu na história da linguagem humana antes da adoção generalizada da escrita isso parecia ser uma condenação definitiva. Tentar ir além de suposições no estudo de idiomas que desapareceram junto de seus falantes era querer fazer arqueologia sem ruínas, paleantropologia sem fósseis. Era buscar palavras ao vento. Mas aquele pessoal pediu licença para tentar.

Deixa eu te mostrar um único exemplo, muito conhecido.

Se você sabe que no latim havia a palavra *octo* e que nas línguas românicas temos *oito* (português), *ocho* (espanhol), *huit* (francês), *otto* (italiano) e *opt* (romeno), você tem diante de si apenas um conjunto variado de dados. Quando se acrescentam mais informações, porém, o aumento de conhecimento é exponencial. Ao ver que outra forma tardia do latim com o mesmo encontro de consoantes em posição parecida, como *lacte*, vai gerar naquelas mesmas línguas, respectivamente, as palavras *leite*, *leche*, *lait*, *latte* e *lapte*, você começa a perceber uma regularidade nos resultados das transformações ocorridas em cada idioma. Tudo indica que aquele *ct* do latim tem uma tendência a evoluir de maneira individualizada, mas constante, em cada uma dessas línguas. Você começa a intuir a possibilidade de uma constância, de uma regularidade. Ou, para usar outra palavra portuguesa que tem a mesma origem no latim, *regula*, você começa a delinear uma "regra". E se você acrescentar mais formas à sua tabela (derivadas, por exemplo, do latim tardio *pecto* ou *nocte*), essas regras vão se confirmando cada vez mais.

Até aqui o que você vê é uma espécie de jogo. Divertido. Sedutor. Você se sente capaz de entender a formação do vocabulário das línguas sem nem mesmo ter acesso a todos os dados.

Agora, se eu fornecesse alguns derivados de *nocte*, mas não informasse a palavra em espanhol ou em italiano, você teria condições bem razoáveis de supor, de acordo com critérios objetivos, que elas seriam respectivamente *noche* e *notte*. E teria razão. Isso é uma pequena aula do que se chama de raciocínio indutivo. Olhando para dados conhecidos, você postula hipóteses de regras que permitem, a partir daí, prever o que não sabia. Assim, consegue chegar ao desconhecido unicamente com base no conhecido. Descobrir. Aprender.

Mas a verdadeira revolução acontece não numa situação como essa que descrevi, na qual você pode preencher lacunas de formas modernas que ainda não conhece. Pense no que aconteceria se você tivesse acesso a todas as formas românicas vivas, mas não conhecesse a forma original da palavra latina que gerou a série. Não seria perfeitamente possível reconstruir uma palavra com aquele encontro consonantal *ct*? Não seria perfeitamente possível ter convicção de que uma palavra existia na língua-mãe mesmo que ela nunca tivesse sido registrada por escrito?

Isso muda as regras do jogo de maneira impressionante.

Claro que mostrei aqui uma versão radicalmente simplificada do que acabou ficando conhecido como *método histórico-comparativo*. Mas nada é tão simples quanto esse nosso exemplo cuidadosamente escolhido faz supor: as exceções aparecem em todo canto, as irregularidades são numerosas e por vezes levam ao desenvolvimento de um novo conjunto de regras que se sobrepõe ao primeiro. Ainda assim, o potencial despertado por essa metodologia é atordoante. É a história de como um bando de humanistas, dotado apenas de livros e do contato direto com as línguas faladas nos séculos XVIII e XIX, elaborou um método revolucionário de comparação entre palavras e construções conhecidas, entre idiomas e dialetos registrados, que lhes permitiu supor, com um grau absurdo de confiabilidade, as formas, os contornos e os dados reais de idiomas que tinham desaparecido séculos, e mesmo milênios, antes.

Eles estavam, quase literalmente, ouvindo as vozes dos mortos.

Não consigo deixar de ficar tocado quando penso

em como aqueles sujeitos conseguiram retraçar toda uma árvore genealógica, toda uma história de migrações, além de terem reconstruído palavras, ideias, sons e gramáticas de idiomas desaparecidos, falados por povos até então ignorados. Eles arrancaram tudo isso do fundo da poeira das bibliotecas. Sem jaleco e sem laboratório. Com pouco mais que páginas, palavras, intelecto.

Esse estudo, que se deu entre o século XVII e... ontem (trata-se de um campo em permanente e aceleradíssima evolução), levou à elaboração do que ficou conhecido como hipótese indo-europeia, que acabou por dar forma à suspeita original de Jones e de seus camaradas e antecessores. Hoje, o consenso é que aquela língua-mãe que ele propunha para o grego, o latim e o sânscrito era um idioma, ou talvez um conjunto de dialetos de um idioma, que chamamos de protoindo-europeu por razões que já vão ficar bem claras.

Essa era a língua de um povo que habitava mais ou menos o que hoje seria o território da Ucrânia. Cerca de 6,5 mil anos atrás, no entanto, eles começaram a migrar, a estender seu território graças a inovações em sua estrutura social, a avanços tecnológicos, e, possivelmente, à domesticação do cavalo e seu uso como montaria.

De um lado, eles seguiram para o subcontinente indiano, recobrindo também o território da Pérsia, atual

Irã. De outro, foram para a Europa (daí o nome indo-
-europeu), sobrepujando pouco a pouco as populações
e culturas que já tinham se instalado ali em ondas de migrações anteriores.

O sucesso dessa conquista da Europa foi considerável. Com pouquíssimas exceções (entre as quais o finlandês, o estoniano, o húngaro, o georgiano, o basco e o maltês), toda a população da Europa a oeste da Ucrânia, inclusive a porção mais ocidental da Rússia, é hoje falante de idiomas indo-europeus. Línguas que em nosso imaginário podem parecer tão afastadas quanto o polonês, o sueco, o francês, o macedônio, o inglês e o gaélico são na verdade aparentadas. E a elas somam-se várias línguas desaparecidas.

Temos uma boa documentação arqueológica da presença desse povo na Península Ibérica, ou seja, no atual território da Espanha e de Portugal, já no primeiro milênio antes da Era Comum. Mas no longo processo de ocupação de todo aquele território, esse grupo foi se dividindo em levas, povos e famílias diferentes. Os povos que chegaram à Ibéria eram dos ramos da migração indo-europeia que chamamos de celta e ítalo-celta. Assim, tinham afinidades linguísticas e culturais com as populações que ocuparam o território atual da França (os *galli* descritos por Júlio César, nossos gauleses), com os povos que ocupariam as ilhas britânicas, dando origem às modernas línguas gaélicas (o irlandês, o escocês e, claro, o galês), e mesmo com os distantes gálatas, citados na Bíblia.

Já o povo que esses celtas encontraram na Ibéria quando lá chegaram é ainda mais misterioso.

Há registros muito antigos da presença de hominídeos naquele território, desde mais de 1 milhão de anos atrás, bem antes do surgimento do *Homo sapiens*. Das levas de migração de hominídeos modernos, a que ocorreu há cerca de 40 mil anos parece ter sido a mais definitiva, e sua presença é até hoje detectável no DNA dos habitantes da península. Essa nova onda já pode ter relação com os habitantes que os celtas encontraram: os iberos, civilização mais diretamente identificada com a história da península e que deixou marcas relevantes sob a forma de artefatos e até de inscrições. Existe inclusive a possibilidade de que o povo basco, falante de uma das poucas línguas não indo-europeias do continente, seja na verdade o continuador dessa linhagem ibérica pré-celta.

Linguisticamente, não deixa de ser curioso, por exemplo, que a nossa palavra *esquerdo* (*izquierdo* em espanhol) seja bastante parecida com a palavra basca *ezker* e diferente das palavras que o latim e outros idiomas românicos empregam com o mesmo sentido.

Escolher outra palavra para esse termo não é novidade. Termos considerados tabus tendem a ser substituídos numa velocidade maior que a normal. É por isso, por exemplo, que nós fomos acumulando um elenco tão gigante de nomes para o Diabo, pois sempre que um termo ficava como que contaminado pelo tabu ele precisava ser substituído por uma nova criação, que acabaria sofrendo o mesmo destino. E em inúmeras culturas se encontram indícios dessa tabuização do lado esquerdo em prol do lado direito, sem dúvida consequência de a humanidade ser majoritariamente destra. Pense nos sentidos positivos de palavras como *destro*, *destreza* e *direito*; e lembre que o vocábulo em latim que foi substituído pela nossa palavra *esquerdo* era nada menos que *sinister*, origem do termo *sinistro* em português. E esse sentido estranhamente negativo de termos ligados ao lado esquerdo às vezes nos chega até de outros idiomas. Quando Carlos Drummond de Andrade fala do anjo que lhe disse para "ser *gauche* na vida", estava usando a palavra francesa para *esquerdo*.

Tudo bem, então, que os idiomas saíssem periodicamente abandonando palavras com o significado de "esquerdo" por elas serem consideradas de mau agouro nas supersticiosas comunidades pré-científicas. Mas será que a palavra que nos forneceu a alternativa para substituir o termo latino (*esquerdo*, em vez de *sinistro*) era mesmo de origem ibérica, sobrevivendo a levas de invasores e resistindo intacta naquele canto do mundo por mais de 3 mil anos?

Para outros termos, a suspeita de uma origem ibérica é quase uma certeza. Hoje podemos dizer com alguma segurança que toda vez que empregamos a palavra "barro", por exemplo, expressamos nosso pertencimento a uma linhagem de falantes que mantêm esse termo em uso há no mínimo 5 mil anos. Ou talvez 10 mil. Ou talvez mais.

O barro da Ibéria viu chegarem celtas e enterrou seus corpos derrotados pelos romanos. O mesmo barro seria amassado pelos "bárbaros" germânicos e transformado em tijolos para erguer as casas dos árabes. Esse barro foi trazido à América, onde se misturou ao sangue de africanos e de indígenas para moldar você. Quando nos referimos à herança de um idioma e de uma tradição, às vezes estamos falando de um tempo muito distante.

O que sabemos também é que a chegada dos grupos celtas à península não levou ao extermínio dessas populações ibéricas, em guerras ou na competição pelos meios de sobrevivência. O que ocorreu em boa parte da

Ibéria foi o convívio entre as duas culturas e, em grandes regiões, uma espécie de amálgama entre elas, originando uma cultura nova e específica daquele local, tradicionalmente chamada de celtibérica.

Esses povos tiveram seu apogeu no último milênio antes da Era Comum. Formaram culturas importantes, fundaram cidades e começaram a dar uma aparência moderna à península. E deixaram, é claro, marcas no idioma que falamos até hoje.

Contudo, no que vai ser uma tônica de muita coisa de que ainda vamos falar neste livro, nem sempre é fácil entender se uma palavra de origem céltica, como "carro", remonta a esse vocabulário pré-romano ou se, paradoxalmente, foi trazida à península pelos próprios romanos, que já tinham contato com outras populações celtas, em outras partes de seu império. Essa dificuldade de traçar uma história linear e comportadinha da chegada de certos termos pode até ser ilustrada pelos próprios lusitanos, grupo que ocupava parte do território atual de Portugal e que parece ter sido uma população ítalo-céltica, ou seja, um grupo anterior à separação do ramo céltico daquele que geraria a língua e a cultura latinas.

Mas seus elementos originais continuam presentes. Nem sempre você é capaz de indicar que é exatamente o contorno da sua narina esquerda o que você herdou de sua tataravó materna. As coisas não funcionam dessa maneira. Mas isso não desmente a certeza de que algo daquela sua antepassada está presente em você.

Roma

Dentre as várias populações de origem indo-europeia que se estabeleceram por todo o continente europeu nos últimos milênios antes da nossa Era Comum, uma, mais que qualquer outra, acabou levando a um novo nível a ideia de estender seus domínios e conquistar territórios, criando o tipo de império que hoje associamos mais diretamente a esses movimentos.

Estamos falando, claro, dos antigos romanos.

Muito do que os próprios romanos contavam sobre suas origens como povo e como civilização pertencia ao reino em que fatos e lendas se misturam; e podemos intuir que essas lendas não passavam de reelaborações posteriores (e enfeitadas) de certos fatos, fatos que só poderiam ser recuperados através de sua reinvenção como lenda. O que interessa aqui é lembrar que a Itália, nos primeiros séculos antes da Era Comum, havia sido povoada por grupos que hoje dizemos fazer parte do ramo itálico dos indo-europeus. Gente como os oscos, os sabinos, os faliscos e, num ponto mais ou menos identificável com o joelho da bota da Itália, numa região ainda hoje chamada de Lácio (*Latium* em latim, *Lazio* em italiano), um povo que entrou para a história como "latino".

Aliás, só a história dessa palavra já bastaria para demonstrar o tamanho da explosão que representou a expansão daquele povo pelo continente europeu, e depois mundo afora. De início, o termo "latino" serviu para identificar apenas essa pequena civilização num lugar qualquer da Europa, mas com o passar do tempo começou a nomear conjuntos e mais conjuntos de povos latinizados, chegando depois ao Novo Mundo com as grandes navegações europeias, até se tornar, atualmente, uma das bandeiras das guerras identitárias norte-americanas, em que a grafia *latinx* virou um dos grandes símbolos da luta contra preconceitos de gênero que estariam embutidos na língua.

Roma é um mundo.

Hoje há perto de 1 bilhão de falantes nativos de línguas românicas no planeta. E o peso dessa herança romana vai ainda além desses dados numéricos. Roma marcou uma área gigante do mundo, e deixou seu selo em culturas e tradições as mais variadas. Só para você ter uma ideia do tamanho dessa presença, o maior poeta do islã nasceu em 1207 no Afeganistão (ou no Tajiquistão, não se sabe ao certo), escreveu em persa, turco, árabe e grego e morreu na Anatólia, atual Turquia, um território que tinha sido romanizado séculos antes. E por isso ele é conhecido apenas como Rumi: o romano.

Roma foi o mundo todo.

O que interessa saber aqui é que desde que a maior cidade do Lácio foi fundada e começou a estender sua área de influência pelo que seriam os territórios desses outros povos, seus irmãos em termos genéticos e linguísticos, esse processo deixou de ser entendido como uma pacífica fusão ou como simples convívio. Tampouco se tratava da substituição natural de uma população por outra graças ao sucesso de uma sobre a outra na competição pelos bens de subsistência. Roma começava a se especializar na pura e simples conquista militar.

A glorificação do combate, e inclusive a ideia de que morrer em batalha era uma forma especialmente "nobre" de deixar esta vida, era uma noção já bastante arraigada na cultura indo-europeia, tanto no ramo presente na Europa quanto naquele que se dirigia à Índia. Mas os romanos levaram esse espírito guerreiro a outro nível; para um povo tão dedicado à engenharia e à otimização dos procedimentos, a profissionalização do exército e das técnicas de combate aos poucos se transformou numa espécie de arte.

Após ter conquistado e, de certo modo, unificado a Península Itálica e depois de se envolver nas Guerras Púnicas, que ampliaram seu domínio em importantes portos mediterrâneos tanto na península quanto em suas ilhas, assim como no litoral norte da África, Roma voltou os olhos para o mundo além de seu território original. Entre mais ou menos o ano 200 AEC e as primeiras décadas da Era Comum, a mancha que representava o mundo romanizado passou a incluir fatias extensas da Europa, além do Oriente Próximo e, cada vez mais, do litoral do Mediterrâneo.

Foi nesse processo de expansão que os romanos começaram a conquistar pequenos trechos do litoral da Península Ibérica ainda no fim do século III AEC. A conquista por terra, com tropas, ampliou-se nos anos seguintes, e aproximadamente no ano 150 AEC eles já haviam se instalado na fatia ocidental da península, onde estabeleceriam as províncias da Galécia, da Bética e da Lusitânia. Essa ocupação já havia sido completada nas últimas décadas anteriores à Era Comum.

Este não é um livro de história, e já fizemos um desvio considerável para explicar como e quando os romanos chegaram a "Portugal". Claro que ainda há muito a dizer sobre essa ocupação, inclusive a respeito de seu impacto no início da separação da Ibéria em zonas linguísticas diferentes, que no futuro corresponderiam aos grandes idiomas da região: o catalão, o castelhano/espanhol e o galego/português. Mas o que nos interessa aqui é mais a chegada da língua dos romanos, o latim, e menos a chegada dos próprios.

A penetração cartaginesa (ou púnica) na Ibéria não ia muito além do litoral leste da atual Espanha. Assim, se você tivesse nascido na região da foz do Tejo no ano 200 AEC, pertenceria quase certamente a um povo do grupo que os romanos depois iriam identificar como *lusitani*, aqueles lusitanos cujo chefe, Viriato, você talvez ainda vivesse para ver derrotado. Como "luso", você teria aprendido com sua família e com as pessoas à sua volta uma língua indo-europeia com prováveis influências ibéricas.

Essa história, aliás, viria a se repetir muitas vezes — a língua conquistadora, que se estabelece em determinado território, invariavelmente acaba aceitando elementos da língua conquistada. E, por favor, não pense nisso como uma espécie de generosidade ou de flexibilidade por parte do conquistador. Pense, no entanto, que a chegada de novos poderes, que empregam línguas diferentes, impõe a necessidade de aprendizado dessa nova língua por um contingente muito grande de falantes adultos dominados. Num processo que nunca é necessariamente pacífico nem marcado por boa vontade, essas pessoas, que aos poucos adotam a língua de seus novos "senhores", geração após geração, vão se familiarizando com esse idioma do mesmo modo que acontece até os dias de hoje com adultos que aprendem uma língua estrangeira sem apoio de escolas, métodos ou professores. Eles moldam uma versão um tanto diferente da nova língua, marcada por características de sua fala. Não conseguem pronunciar direito alguns sons da língua nova (vide as dificuldades que um brasileiro tem para entender o som representado pelas letras *th* em inglês ou a diferença dos sons vocálicos de palavras como *beat* e *bit*). Além disso, algumas características formais da língua nova podem ser muito diferentes do idioma materno, gerando assim dificuldades e, consequentemente, adaptações.

Em suma, para usar um termo acessível a todos, podemos muito bem supor que essas populações aprendiam essa língua invasora com seu próprio *sotaque*. E é essa versão da língua falada pela maioria da população que vai sobreviver como a nova forma adotada. Ainda mais em tempos anteriores à escolarização institucionalizada.

Vale muito sublinhar a seguinte ideia: o processo de imposição de um idioma conquistador com frequência resulta no surgimento de uma variedade alterada desse idioma, que tem tudo para sobreviver com força. A mudança linguística, inexorável, também pode ser uma curiosa lição de democracia. "O que quer, o que pode essa língua?"

Ou, por outro lado, que poder tem o desejo conservador de uma pequena elite invasora diante do volume da voz de toda uma população? Essa elite, como veremos acontecer inúmeras vezes na história dos idiomas, há de espernear, lamentar, tentar conter a mudança (e, por algum tempo, até com certo sucesso), mas o passar das gerações via de regra vai dar razão à vox populi. Ou à voz do povo, para trocarmos de vez o latim pelo português.

Numa outra versão dessa ideia, depois da chegada dos romanos à península, aquela mesma língua céltica iberizada lá da foz do Tejo se tornaria, por sua vez, o substrato, como dizem os linguistas (ou seja, a camada sobre a qual vai se estabelecer a língua invasora) da chegada do latim à Lusitânia, e nele também deixaria suas marcas, suas características e seu sotaque.

Esse, aliás, é um dos motivos que podem explicar as diferenças entre as diversas línguas românicas. Por que será que aquilo que teoricamente seria o mesmo latim evolui de maneiras tão diferentes em territórios nem tão afastados assim uns dos outros, e de maneiras surpreendentemente similares em terras tão distantes? Por que a palavra "casa" manteve uma forma muito próxima da original latina na Lusitânia e na longínqua Dácia (região correspondente à atual Romênia), enquanto se transformou em "*chez*" entre os falantes do francês, que, não satisfeitos, ainda mudaram seu sentido? Muito disso se explica pelas diferenças de substratos e, também, de superestratos, ou seja, as línguas que posteriormente vieram a se sobrepor ao latim dialetado de cada região.

Mas outro fator tem a ver com o próprio latim.

A primeira coisa que é preciso ressaltar é que a verdade das verdades da linguística histórica é uma verdade desde sempre: as línguas mudam, o tempo todo. Pelo que sabemos hoje, mal cabe pensar que os idiomas têm uma estabilidade meio precária, permanentemente assolada por pequenas mudanças. O fato é que eles nunca têm estabilidade. São como um caleidoscópio que jamais para de girar. Sim, os idiomas giram devagar, sobretudo do ponto de vista dos usuários, mas seu movimento nunca cessa.

E nós temos até razões para supor que as línguas faladas no passado mais distante podem ter sido caracterizadas por um processo ainda mais acelerado de mudança, ao menos aquelas já faladas por grupos numerosos de pessoas, concentrados num mesmo lugar. Sem escola, sem livros chamados de gramática, sem dicionários, essas línguas não contavam com os vigorosos mecanismos atuais de controle de velocidade da mudança, que cumprem um papel tão importante nesse processo. Pois desde o momento em que passamos a ter um grande repertório de escritos em determinada língua, é interessante tentar conter a velocidade que irá determinar a obsolescência desses textos. É com esse objetivo, entre tantos outros, que trabalham tais mecanismos de contenção da mudança linguística: visando uma espécie de conservação.

O latim não seria exceção. E esse pequeno resumo da expansão do Império Romano pela Europa já pode ter deixado claro que não há muito como supor que o latim levado àquele litoral leste da Espanha no ano 220 AEC fosse exatamente igual ao latim que seria levado à distante Dácia, mais de trezentos anos depois. Esse elemento é mais um a se somar às diferentes influências e, também, à profundidade da romanização de cada território, que pode ser intuída inclusive pelo tempo de permanência do aparato colonial romano em cada lugar.

Entretanto, outra verdade da linguística histórica tem um papel ainda mais relevante. É fato que as línguas mudam no tempo, porém, mais do que isso, elas variam no espaço e dentro de cada sociedade. Essa segunda constatação é até mais importante do que a primeira, já que tal variação (equivalente, de certo modo, ao surgimento de mutações espontâneas que alimenta o processo de seleção natural) acaba determinando as condições e as direções da mudança das línguas no tempo. Se não surgissem formas diferentes, que muitas vezes entram em conflito com as formas tradicionais, não haveria pressão pela mudança. Novamente, a linguística histórica tem o que nos ensinar sobre democracia: a variedade é a fonte de toda transformação.

Isso pode significar, por exemplo, que se determinada região conquistada for colonizada por falantes provenientes de uma área específica do Império, e não de outra, essa região pode herdar características do latim falado na área conquistadora.

Outro eixo de variação é especialmente importante para a história das línguas românicas e, claro, do português. É aquele que os linguistas chamam de *diastrático*, capaz de examinar o quanto uma língua varia não só no tempo e no espaço, mas também, mesmo num dado momento, e num único ponto do mapa, de acordo com as camadas e os grupos da sociedade que a empregam. Ou seja, trata-se da ideia de que a elite usa uma variedade de língua que é necessariamente diferente daquela empregada pelos estratos menos privilegiados da sociedade. Artesãos não falam a língua dos advogados; comerciantes urbanos não falam a língua dos sacerdotes; peixeiras não falam a língua dos senadores. E mais: adolescentes, hoje, ontem e sempre, não falam, não falavam e nunca falarão a língua dos pais. Nem mesmo mulheres e homens falam exatamente a mesma língua.

Em suma, o retrato mais fiel da variabilidade das línguas é que, no limite, cada pessoa fala uma versão singular do idioma, aquilo que em linguística se chama de *idioleto*, o idioma de apenas um usuário. Tudo mais deriva disso, da nossa capacidade de abstrair essas pequenas diferenças e usar o que todos temos em comum quando nos comunicamos num mesmo idioma, como parte de uma mesma comunidade de usuários.

Claro que essa variabilidade social das línguas também está ligada à dimensão e à complexidade de cada sociedade. Um pequeno grupo de caçadores-coletores isolado nas florestas de Papua Nova Guiné pode ter uma sociedade menos estratificada que, digamos, a moderna cidade de Skopje, na Macedônia. E é de esperar que isso se reflita no grau de *variabilidade diastrática* encontrado em cada um desses casos. Mas tudo que podemos ver em qualquer sociedade urbana complexa do mundo hoje, bem como em todas aquelas sociedades urbanas do passado que conhecemos com alguma profundidade, não nos autorizaria a supor que na Antiguidade isso tenha sido diferente.

O que levanta um problema interessante.

O latim, claro, foi muitos. Foi a língua de um império que durou ao todo quase 1500 anos e, depois, sobreviveu como língua de cultura, de diplomacia e de ensino por séculos e séculos. O latim de Cícero, exemplo ideal do que se chama de período clássico, não é igual à língua em que Agostinho viria a escrever, e nem de longe se compara com o que encontramos nos textos de Tomás de Aquino ou num poema como *"Franciscæ Meæ Laudes"*, de Baudelaire, publicado em 1857.

A designação "língua morta", verdade seja dita, ainda não se aplica perfeitamente ao latim. Sua adoção pela Igreja Católica Apostólica Romana garantiu que ele fizesse parte da realidade de milhões de fiéis até pelo menos o Concílio Vaticano II, que nos anos 1960 determinou que as missas poderiam ser rezadas na língua de cada local. Ainda hoje, no entanto, o latim é a principal língua usada pela Santa Sé, e é nele que a Igreja publica os documentos que dirige aos fiéis, como bulas e encíclicas. Para isso, é um idioma o tempo todo "atualizado" com novas palavras. E, se já não bastasse, continua sendo ensinado no mundo todo como forma de acesso à literatura clássica e medieval. Alguns alunos que aprenderam a língua desse modo levam sua paixão por ela a outros universos: ao menos dois livros de Harry Potter já foram traduzidos para o latim, e por trinta anos, até 2019, uma rádio da Finlândia chamada *Nuntii Latini* (algo como Notícias Latinas) transmitiu na língua do Império Romano um resumo das notícias mais importantes do planeta.

Mas no meio de todo esse tempo e de todo esse espaço, em meio a toda essa variabilidade registrada em milênios de história de um idioma falado por pessoas e adotado por culturas tão diferentes, cabe registrar uma distinção talvez grosseira, mas eficiente, para os nossos propósitos. Para isso, podemos simplesmente começar por uma palavra.

Poderia ser *noite*.

Mas também pode ser *velho*.

A outra Roma

As deduções sobre a regularidade dos processos de mudança linguística, com base no estudo de mudanças bem documentadas, também chegaram a conclusões que poderiam parecer irregulares.

Nós já falamos das derivações do termo em latim *octo* e depois fizemos comparações com as derivações da forma *nocte*, vendo o quanto existe ali de previsível, de sistematizável. Mas essa comparação esconde um problema. A forma clássica dos dicionários latinos para a palavra que significava "noite" não seria *nocte*, e sim *nox*. Isso quer dizer que, feito aquele exercício de recomposição, as palavras românicas para "noite" vão nos levar a reconstruir um latim diferente.

Isso acontece o tempo todo.

Vejamos a palavra portuguesa *velho*. Eu não vou fazer chover dados específicos aqui. Basta que você acredite em mim quando eu disser que as formas presentes nas grandes línguas românicas vivas (à exceção do romeno, em que *velho* se diz *bătrîn*, um derivado do latim *veteranus*) apontam todas, inquestionavelmente, para uma única raiz latina, que teria a forma *veclu*. O problema, como você já deve ter imaginado, é que essa não era a forma que um autor como Cícero empregaria. Para ele, a palavra seria *vetus*.

Como chegar de *nox* a *nocte*?

Ou, ainda mais complexo, como chegar de *vetus* a *veclu*?

E por que essa divergência entre o latim dos livros e aquele que podemos deduzir com base nas línguas vivas nos dias de hoje?

Séculos de estudos de história do latim nos revelam algumas coisas. De saída, vale dizer que o latim, como o português, usava diminutivos com valor afetivo. Assim como dizemos *velhinho* sem nos referir ao tamanho da pessoa, em latim era possível dizer *vetulus* com um sentido muito parecido. A segunda coisa que sabemos com segurança é que o latim clássico tinha um sistema de declinação nominal em que os substantivos (mas não apenas eles) mudavam de forma de acordo com seu papel na frase — caso fossem o sujeito do verbo ou seu objeto, por exemplo. Essa, aliás, é uma característica muito comum nas línguas indo-europeias antigas, mas menos abundante em suas versões modernas, que foram perdendo esse sistema.

O latim também seguiu esse caminho. Com o tempo, seu quadro de declinações foi se fragilizando e se apagando. O romeno é a grande exceção entre as línguas românicas modernas, por manter certos rudimentos de um sistema equivalente.

Uma das maiores tendências desse processo de perda das declinações resultou numa sobrevivência muito maior de formas típicas da posição de objeto — no nosso caso, *vetulum*. E sabemos também que, num segundo momento, aquele *m* final tendeu a cair. (Aliás, só essa informação já explica a forma *nocte*, derivada de *noctem*, usada na posição de objeto.)

Muito bem. Isso já nos leva de *vetus* a *vetulu*.

As duas mudanças seguintes também são frequentes e, de certa maneira, previsíveis. Uma delas é uma espécie de horror às proparoxítonas, que surge nas variedades populares do latim à medida que a língua vai ganhando um sistema de acentos do tipo sílaba tônica versus sílabas átonas, como o nosso, e que não estava presente em suas fases arcaica e clássica, que eram baseadas num sistema de sílabas longas versus sílabas breves. Essa repugnância leva à queda da vogal que vem logo depois da tônica, transformando algo como *vetulu* em *vetlu*.

(É a mesma tendência que ainda opera em nosso português, que nos faz dizer *xicra* em vez de *xícara* ou *óclos* em vez de *óculos*, e que marcou tão fortemente a palavra *abóbora* — ou *abobra* — que hoje nós nem estranhamos mais o nome "abobrinha".)

A mudança final, já um tantinho mais enjoada de explicar, se baseia numa regra de oposição, de ampliação de contrastes. Perceba (pronunciando estes sons) que o fonema que representamos com a letra *t* é pronunciado com a pontinha da língua contra os dentes superiores, enquanto o som representado pelo *l* é articulado só um pouco atrás dos dentes superiores, ainda com a parte da frente da língua. Ou seja, são dois sons de articulação muito próxima, o que de certa forma dificulta sua pronúncia sem uma vogal no meio do caminho (quantas palavras você conhece com um *tl* em português?). Mas note que o som *k*, representado em certos casos pela letra *c*, é pronunciado lá atrás, com o fundo da língua subindo até o céu da boca. A mudança de *vetlu* para *veclu*, portanto, é uma espécie de acomodação da palavra a um padrão mais contrastado de articulação. E nisso esse tipo de mudança também tem sua regularidade.

E nem foi tão doloroso.

Saímos de *vetus* e chegamos àquele *veclu* que as línguas românicas pareciam dizer que existia. O que não muda o fato de a palavra *vetus* ter pedigree, estar registrada numa infinidade de textos e ser confirmada como "legítima", enquanto a forma *veclu* parece ser resultado de uma série de regras excepcionais: tudo indica que seja uma forma desviante. Mas como explicar que o desvio tenha dado frutos por toda a Romênia (como também era conhecido o território ocupado pelo Império Romano), enquanto a forma padrão sobreviveu apenas em cultismos tardios, de uso restrito (voltaremos a isso), como o adjetivo *vetusto* e mesmo aquele *veterano* que teve mais futuro no romeno?

De novo, trata-se de uma lição sobre o poder do povo, da maioria. Uma lição perfeitamente sublinhada por um documento do século IV, o *Appendix Probi*: trata-se de uma lista do tipo escreva-assim-não-escreva-assado — um documento pertencente de forma muito clara àquele aparato de contenção das mudanças da língua. Entre as mais de cem formas condenadas por seu autor, talvez um mestre-escola indignado com os erros frequentes de seus alunos, está justamente a nossa conhecida *veclu*.

O autor do apêndice com certeza desejava que as formas condenadas por ele fossem eliminadas. Nós, porém, olhamos para seu elenco de formas "ruins" com outros olhos, enxergando nele a documentação de formas que de fato existiam e eram usadas por parte significativa da população. Por mais ranheta que seja um gramático, ele não briga com os "erros" de apenas uma ou duas pessoas. Seus alvos são os desvios cometidos por uma camada expressiva da população, justamente aqueles casos em que, do nosso ponto de vista, ele está quase sempre fadado a perder a batalha.

Claro que no século IV o latim de Cícero já tinha sofrido profundas alterações. E por tudo que já vimos até aqui deve estar claro também que durante a vida de Cícero o latim em que ele escrevia era usado com alterações pelas camadas mais baixas da população de Roma. Nesse extenso mundo real da cidade, e mais ainda nas províncias afastadas do centro urbano, estava em uso algo que os linguistas tendem a resumir com um único nome: *latim vulgar*.

Vale notar como essa denominação também aponta para a mudança linguística, já que *vulgar*, ali, não tem o sentido que você e eu damos a ele no dia a dia. Em latim (clássico), *vulgus* queria dizer "povo". É isso, somado àquele sistema que alterava o final da palavra conforme sua função, que explica o nosso uso de *vulgo* antes de um apelido. É como se disséssemos: fulano, para o povo (*vulgo*): fulaninho. E era assim que os textos já do período clássico se referiam a certo tipo de latim das camadas menos privilegiadas da sociedade: *sermo vulgaris*, a fala do povo.

O que nos interessa, à parte toda essa questão de preconceito e de exclusão (que vai retornar ao debate ainda muitas vezes até chegarmos ao nosso latim em pó), é que um mero exercício mental nos dará uma resposta de impacto tremendo: a grande *mãe* do português, do romeno, do extinto dalmático, do sardo, do provençal, do francês, do calabrês, do rético, do vêneto, do italiano, do catalão e do espanhol não é a variedade clássica da língua latina com que o mundo se familiariza através dos grandes poetas, juristas e filósofos da Roma antiga. Todo esse patrimônio linguístico deriva, diretamente, do latim vulgar. Da língua dos excluídos, desconsiderados e marginalizados. Da língua daquelas pessoas que ficam de fora dos relatos da história e dos discursos registrados em livros, documentos e depoimentos.

O mais elevado discurso renascentista francês, o sofisticado italiano da *Divina comédia*, bem como *Dom Quixote*, *Os lusíadas* e os romances contemporâneos de Mircea Cărtărescu — tudo isso deriva da língua dos pobres, dos analfabetos. Dos vulgares falantes desse latim popular.

Mas que "exercício mental" é esse capaz de concretizar a interpretação de que a linguística histórica, apesar de estabelecidíssima entre as pessoas que a estudam há séculos, ainda pode parecer curiosamente subversiva para quem a encontra pela primeira vez?

Pense comigo.

Imagine que o Brasil, hoje, conquiste militarmente e ocupe uma ilha isolada no meio do Atlântico. Imagine que, para garantir a posse dessa terra, e também para dar início à exploração de suas possíveis riquezas, seja necessário enviar para lá 200 mil pessoas, os primeiros colonos dessa ilha. Que tipo de camada da sociedade estaria mais propensa a recomeçar a vida num lugar inóspito e cheio de incertezas, a abandonar o que tem e enfrentar o desconhecido numa aposta para o futuro?

É bom manter esse exercício em mente, porque ele voltará a ser importante quando formos pensar na vinda dos portugueses para o Brasil e, depois, na chegada de italianos, alemães, japoneses...

Os romanos, quando ocupavam uma nova província conquistada, garantiam que os postos administrativos, burocráticos e militares fossem preenchidos, na medida do possível, por cidadãos da classe "urbana". Mas o imenso contingente de agricultores, comerciantes de ninharias e de bens fundamentais, artesãos, prostitutas, cozinheiros etc., que passavam, afinal, a constituir a massa da nova população romana no local era indubitavelmente composto de pessoas sem educação, com poucos meios. Gente das camadas populares, que falava o latim vulgar. E era com essas pessoas que os falantes da língua de substrato iam aprender a língua do dominador: com quem fazia pão ou vendia animais de carga, com as pessoas que ocupavam os campos e as ruas das cidades, não com os poucos burocratas que ficavam distantes de seu dia a dia. Eram os trabalhadores braçais que construíam os famosos aquedutos e estradas dos romanos, e não os engenheiros que os projetavam, os que levavam para os cantos mais remotos do Império o latim de verdade.

Linguisticamente, somos todos filhos das camadas mais humildes dos falantes de latim, língua que é rica e complexa exatamente por ter todo esse repertório de formas, níveis, estilos e recursos. Como qualquer grande idioma de uma sociedade complexa, o latim era muitos latins; e o latim da maioria não era exatamente o dos gramáticos.

Isso poderia ter sido um empecilho para aquelas pesquisas históricas baseadas na reconstrução linguística. Afinal, elas muitas vezes partiam do princípio de que as línguas românicas seriam um bom laboratório, um bom estudo de caso, justamente porque sua língua-mãe estava muito bem documentada. Seria possível, então, testar as ferramentas do método numa situação em que a origem e o fim do processo eram conhecidos. Mas o que acontece quando cada vez mais passamos a reconstruir, com base nas línguas vivas, formas que apontam para esse latim desviante e — é importantíssimo lembrar — não escrito, não registrado? Afinal, num mundo com taxas de alfabetização muito baixas, em que a escola e a escrita constituíam privilégios de poucos, essa língua popular era tipicamente falada por gente que não sabia escrever e que, desse modo, não deixou registros em documentos.

Como entender melhor quais eram as características dessa língua até certo ponto extinta?

Por vezes os alunos levam um tempo para aceitar que os linguistas de hoje conhecem, com considerável segurança, fatos que não deixaram marcas. Um exemplo frequente é a convicção que temos de como os romanos pronunciavam as palavras. De que modo é possível reconstituir um modo de falar que nunca foi gravado? Como afirmar que Cícero, tantas vezes citado aqui, era chamado de *Kíkerus* por seus conhecidos?

A questão é que esses séculos de estudos comparativos produziram técnicas e métodos muito seguros, e hoje é possível fazer afirmações que antes pareceriam disparatadas, sem nenhum grau de confiança. E é por isso que podemos confiar no que nos dizem as reconstruções que fazemos sobre esse latim-mãe, sobre essa forma popular que deu origem aos nossos idiomas atuais.

Fora isso, evidências diretas são mais esparsas.

É verdade que os próprios gramáticos, como Probus, a quem muitos atribuíram o tal *Appendix Probi* supramencionado, contribuem ao reclamar do uso desta ou daquela forma, pois assim acabam atestando a existência delas. Autores de peças teatrais cômicas também podem fornecer pistas quando escrevem falas de personagens *rustici*, vulgares. Como bem sabe qualquer um que tenha visto seu sotaque representado numa novela de televisão, no entanto, é preciso tratar esses retratos com certo cuidado: eles tendem mais à caricatura que à precisão. Mas podem ajudar, mesmo assim.

Em determinadas ocasiões, certos textos e documentos podem ser fontes preciosas para o estudo do latim vulgar. Claro que, se algo foi escrito é porque passou pela mão de alguém alfabetizado e, portanto, alguém que já pode ter perdido algumas marcas de sua fala mais autêntica, doméstica. Mas da mesma forma que podemos olhar as redações das crianças na escola e enxergar nos "erros" que elas cometem as marcas de sua língua de casa, também esses documentos antigos podem servir de base para algum estudo.

É assim que surgem, por exemplo, os estudos dos *graffiti* de Pompeia e de Herculano: duas cidades soterradas no ano de 79 por uma gigantesca erupção do vulcão Vesúvio. Ao serem descobertas e sistematicamente escavadas no século XIX, as ruínas dessas cidades estavam cobertas de textos, rabiscos, imagens, poemas, propagandas, tudo escrito com carvão em paredes e muros. Claro que esses textos muitas vezes estavam marcados por erros que, como a essa altura já está mais do que claro, para nós valem ouro.

Da mesma forma passaram a ser valorizadíssimas as ditas *tábuas de maldição*, resultantes da prática supersticiosa dos romanos de rogar praga em quem os ofendia, por escrito. Por acreditarem no poder e na permanência da palavra escrita (*verba volant, scripta manent*, diziam: as palavras ditas voam, as escritas permanecem), essas tabuinhas, eivadas de erros e de desvios do latim-padrão, eram muitas vezes enterradas, de modo a garantir seu "efeito". O que, claro, fez a felicidade de muitos arqueólogos.

De posse desses indícios derivados de documentos atípicos, somados ao que se pode obter a partir da reconstrução baseada em nossas línguas modernas, hoje temos uma ideia muito nítida das características desse latim dos excluídos, que, claro, também variou bastante no tempo e no espaço. Ainda assim, já é possível reconstituir um retrato bem preciso desse latim vulgar que deu origem a todos os idiomas românicos.

Tudo o que vimos até aqui permite compor uma descrição da formação da língua portuguesa. Se o português de fato "vem do latim", ora, vimos não só de onde veio o próprio latim, mas também que latim foi esse que acabou chegando às terras que um dia seriam Portugal, de que maneira ele se estabeleceu ali, e em contato com que outras realidades linguísticas.

Com o gradativo esfacelamento do Império Romano, que em grande medida foi se esboroando pelas beiradas, a partir da perda de controle das províncias europeias mais afastadas de Roma, restou na região das antigas províncias da Bética e da Lusitânia (que, grosso modo, abrangiam o sul e o centro-norte do Estado português moderno) um legado que já configurava as bases da nossa língua românica. Um subtipo de latim vulgar que conviveu de início com falantes celtibéricos e que, ao longo de mais de meio milênio de colonização, também foi se dialetando, criando características algo diferentes do latim falado nas outras províncias. O que tínhamos ali, na altura do ano 400 da nossa era, era uma espécie de ancestral direto do português.

No entanto, não se pode esquecer que essa língua

não era documentada, e que assim permaneceria por muitos séculos. A administração, os relatos, tudo que acabava sendo registrado e guardado ainda empregava o latim de Roma. Quase toda a formação do nosso idioma (e isso vale para todas as línguas românicas) se deu abaixo do radar, fora do registro oficial.

Como no caso do estudo do latim vulgar, temos que ser criativos e prestar muita atenção a desvios, a erros de copistas, a tendências estranhas nessa ou naquela região, para tentarmos reconstruir o que provavelmente estava acontecendo na fala, no dia a dia linguístico daquelas pessoas. Por vezes, mesmo o estudo de coisas incrivelmente "escondidas", como o tamanho dos espaços entre as palavras num texto escrito, pode trazer revelações importantes para esse e outros períodos.

E isso nem vai ser um problema exclusivo do momento da formação dos idiomas românicos na Europa. O latim, como já vimos, é uma das línguas ditas mortas mais zumbis que já existiram. Seu uso constante como idioma de registro muitas vezes retardou a oficialização das línguas românicas como idiomas de Estado, como formas de registro e de uso literário. Ele projetou uma sombra longa, que continuou marcando o futuro dos idiomas nascidos de suas mutações.

Mas à época isso estava longe de ser um problema

de verdade. Antes mesmo de se constituir como nação e de se pôr a pensar em resolver a questão do "seu" idioma, Portugal teria que lidar com outras duas invasões, que deixariam grandes marcas na língua que então se formava. Invasões que, do nosso ponto de vista pouquíssimo preocupado com noções de pureza, aumentariam, e muito, o tamanho do patrimônio que herda hoje cada pessoa que aprende a falar no Brasil.

Os "bárbaros" e as aspas

A queda do Império Romano não aconteceu da noite para o dia. As ditas invasões bárbaras começaram aos poucos e duraram décadas, se não séculos. Em muitos casos, os romanos não só aceitavam a presença dos povos que iam tomando seu território como selavam acordos com eles, que inclusive podiam contar com o poderio bélico do Império para se defender de outros invasores, estes, sim, mais hostis a Roma. As membranas do Império, mais do que se romper bruscamente, foram se permeabilizando.

Na Península Ibérica, o período que se estendeu dos anos 400 até os anos 700 de nossa era foi uma fase de transição entre o domínio coeso e centralizado de Roma e a tomada de quase toda a área por um poder ainda maior, segundo vários critérios, e muito mais "estrangeiro".

Como vimos no capítulo anterior, de certa forma o português já havia tido seu pontapé inicial com a chegada da língua latina ao território ibérico e com a aclimatação desse latim às condições da população que ali vivia. Se o caminho que vai nos levar, mais de mil anos depois, até a língua brasileira sofrerá muitos desvios, a trilha que conduz à formação do português europeu também vai enfrentar seus solavancos antes que esse latim vulgar permeado de celtiberismos que era falado no extremo oeste da península se diferencie o suficiente daquele falado no centro e no leste e se estabeleça como língua autônoma e, bem posteriormente, como a língua oficial de um Estado independente.

O período de fragilização das fronteiras do Império Romano, vivido com a chegada gradual dos "bárbaros", foi a primeira fase desse processo.

Mas antes, como já de costume, um parêntese.

Muito se fala das invasões bárbaras, que já viraram uma espécie de imagem comum na literatura e no cinema, sobretudo o saque de Roma. A imagem histórica que guardamos do período é a das hordas de invasores grotescos, violentos, rudes e incivilizados chegando à capital do Império para destruir a cidade (*civitas*) e seu refinamento (*civilitas*). Em grande parte, essa imagem que nos vem de imediato nos foi legada pelos próprios romanos, que, desde a conquista da Gália por César, fizeram questão de pintar seus vizinhos do norte como selvagens. Veja o uso que damos até hoje à palavra "vândalos", nome de um desses povos.

Isso também fica marcado nos sentidos que a própria palavra "bárbaros" teve desde o começo de seu emprego. Ela surge na Grécia como palavra quase onomatopaica, para se referir a todos que não falavam nenhum dialeto grego e que, aos ouvidos helênicos, passavam a vida a pronunciar *bar-bar-bar*. Os romanos adotam o termo, redefinindo, naturalmente, seu conceito: bárbaros agora eram todos os povos que não falavam grego *ou* latim. Os bárbaros, portanto, desde sempre foram os outros. Aqueles que eram diferentes do povo que estava contando a história. Exatamente como vemos acontecer até hoje.

Não se pode negar, no entanto, a diferença de refinamento entre a sociedade romana por volta do ano 400 e os grupos de povos que iam testando a elasticidade das fronteiras setentrionais de Roma. Em comparação com a cultura de desenvolvimento urbano e literário de Roma, as ditas tribos dos suevos e dos alanos tinham em geral condições de existência que ficavam ainda mais distantes dos nossos padrões urbanos atuais. Além disso, esses povos tendiam a se organizar em unidades menores, que viviam em conflito umas com as outras. A dita *pax romana*, o processo algo custoso que levaria povos inteiros a se submeter ao Império em nome de defesa, desenvolvimento e estabilidade, não seria facilmente substituída por uma nova *pax* com esses senhores.

Ainda que os gauleses (um povo celta) continuassem a representar uma ameaça séculos depois da guerra movida por César, com mais frequência esses temidos e estereotipados vizinhos invasores eram grupos de origem germânica, falantes de línguas pertencentes à mesma família que hoje inclui o holandês, o alemão, o inglês e as línguas escandinavas. Como no caso dos celtas, tratava-se, portanto, de outros povos de origem indo-europeia; como que primos distantes dos romanos. Ou seja, falantes de línguas que, apesar de diferirem de modo considerável do latim após milhares de anos de separação, ainda funcionavam segundo padrões razoavelmente familiares.

A primeira leva desses invasores se estabeleceu na Ibéria já na primeira década dos anos 500. De um lado, vândalos e alanos (um povo iraniano) tomam a maior parte dos territórios que hoje correspondem à Espanha. De outro, o noroeste da península, mais ou menos a região que hoje corresponde à Galiza espanhola, viu chegarem os suevos.

O domínio suevo nessa região, que fica exatamente ao norte do atual território de Portugal e, por extensão, da área em que se estabelecerá a língua portuguesa, pode ter sido uma das razões para a diferenciação gradativa entre as falas do oeste da península e as outras. Os linguistas ainda debatem em que grau o "sotaque" suevo pode ter influenciado, por exemplo, um desenvolvimento muito típico do mundo galego-português: a queda das consoantes *n* e *l* em ambientes intervocálicos. Trata-se de um fenômeno que já aparecia em textos registrados na região durante o domínio romano, mas acredita-se que a presença dos suevos tenha, no mínimo, reforçado essa tendência, pois a área em que isso ocorre coincide, em grande medida, com a área onde eles estavam estabelecidos.

Mas o que é isso, afinal?

Melhor vermos alguns exemplos.

Compare o português *cor* com o espanhol (e o catalão) *color*, o francês *couleur*, o italiano *colore* ou o romeno *culoare*. Todas essas formas evoluíram de um termo do latim vulgar, *colore*, preservado ainda hoje no italiano. Mas veja que de todas elas, apenas a nossa perdeu o *l* que ficava entre as vogais (intervocálico, portanto). Esse processo de perda ficou registrado em documentos da história de nossa língua. A forma *color* aparece inicialmente, depois se transforma em *coor*. E nós sabemos, até por registros mais tardios em poemas, nos quais se pode entender como o poeta quer que você conte as sílabas dos versos, que durante séculos a pronúncia manteve essas duas vogais: *co-or*. Só mais tarde ocorreu a fusão das duas vogais iguais, provavelmente primeiro com a pronúncia *cór* e depois com nosso modo de falar atual, *cor*.

E o mesmo fenômeno acontece com dezenas de outras palavras. *Dolor* virando *dor*, *calente* virando *caente* e depois *quente*...

Mesmo sem conhecer todo esse processo, você, falante contemporâneo do português brasileiro, podia até imaginar que alguma coisa estranha aconteceu com essas palavras. Afinal, porque temos *dor*, mas *doloroso*? *Cor*, mas *colorido*? *Quente*, mas *calor*? A explicação desse fenômeno, de por que a forma mais corrente sofreu mais desgastes (assim como qualquer peça de uso cotidiano), enquanto a forma um tanto mais elevada, de uso mais restrito, acabou se mantendo mais próxima dos sons do latim (como a joia de ouro que sai menos da caixa), é algo de que nós ainda vamos falar. Mas a constatação da regularidade desse contraste já nos diz algo sobre os processos de formação da nossa língua.

Também com palavras que tinham um *n* na posição intervocálica ocorre mudança similar. Pense no contraste das formas que derivaram do latim vulgar *luna*:

você vai encontrar *luna* em espanhol e italiano, *lluna* em catalão, *lună* em romeno e *lune* em francês. Mas entre nós vai encontrar o mesmo contraste entre a forma corrente *lua* e outra, um pouco mais escolar, mais conservadora: *lunar*.

A prolongada presença dos suevos no noroeste da península também pode explicar por que, em português, temos *chuva* a partir do latim *pluvia* (de novo, lembre que em nossa língua existe um adjetivo *pluvial*). É um caso semelhante ao do número *oito*, em que cada língua românica produziu um resultado diferente e regular para um mesmo som latino. O italiano tende a resolver esse *pl* vertendo-o em *pi* (*pioggia*); o francês, o catalão e o romeno o mantêm (*pluie, pluja, ploaie*); já o espanhol termina com um *ll* (*lluvia*), mas este estranho *ch* do português (que de início era pronunciado *tch*) pode ter sua origem no domínio suevo.

Mas essa singularização do português entre as línguas românicas, e mesmo entre a fatia do mundo românico que recebeu influência direta dos povos germânicos, já que os suevos parecem ter deixado marcas bem específicas em nosso mundo, também pode ser relativizada de outras maneiras. Afinal, num passado um tanto distante os povos germânicos invasores eram todos aparentados e ainda falavam línguas bastante próximas, que se serviam de um vocabulário comum nada insignificante. Por isso se encontra um vocabulário germânico numa área grande da Români; a palavra "guerra" (do germânico *werra*, que também levaria ao inglês *war*) em toda parte substituiu o latim vulgar *bello* (exceto, como você já pode ter percebido, em formas eruditas como *bélico*, *beligerante* etc.).

(Vale lembrar que na Romênia, onde não houve essa presença, a palavra para "guerra" é *război*, de origem eslava.)

E é inclusive por causa dessa proximidade entre os grupos que invadiram o território romano que nem sempre a permanência de uma palavra de fundo germânico pode ser associada com tanta clareza à presença desse ou daquele povo em dada região. Afinal, os romanos já conviviam com populações germânicas, e muitas palavras podem ter chegado às línguas românicas através do próprio latim.

A questão é que, via de regra, tentamos apresentar a história num sentido linear, com um fato se sucedendo a outro, quando existem processos importantíssimos que se dão transversalmente: palavras germânicas chegaram até nós pelo latim, palavras latinas ganharam nossa língua vindas de outros idiomas românicos (por aqueles processos que acabamos de ver, a mesma palavra originou tanto o termo português *chão* quanto o italiano *piano*, que importamos mais tarde). Pense no caso de *fetiche*, que chegou ao português como empréstimo do francês, mas isso só depois de ter chegado ao francês, pasme, como um empréstimo do português! A palavra *feitiço* foi alterada pela pronúncia dos franceses, virou *fétiche* e retornou à nossa língua com um sentido diferente.

Isso será quase um refrão ao longo desta nossa caminhada. Os processos transversais, laterais, são por vezes tão importantes quanto as linhas verticais de filiação e derivação.

Mas uma coisa ainda precisa ser esclarecida com mais detalhe. Eu fico repetindo que a presença mais constante dos suevos se deu numa região que, você já deve ter notado, não corresponde ao território de Portugal, e onde hoje se fala uma língua diferente da nossa: o galego. O domínio da parte central e do sul do litoral oeste da Ibéria ficou muito mais tempo na mão dos visigodos.

Pois vamos a isso.

Antes de mais nada, é preciso saber que o galego, hoje uma das línguas regionais da Espanha a gozar de um estatuto de autonomia, é razoavelmente similar ao português. Similar a ponto de ser compreensível, sobretudo por escrito (já a pronúncia é toda uma outra história).

Quer ver? Dê uma olhada neste trecho publicado no site do jornal *Novas da Galiza* em maio de 2022 e transcrito aqui sem alterações:

> É complexo. Para começar, temos que partir da realidade de que todos e todas somos, de certa maneira, racistas. Temos estereótipos, usamos palavras que o som — como usamos expressões machistas, homófobas... — Aliás, nom em todos os lugares se pode falar igual e nom todas as pessoas se sentem confortáveis quando escuitam as palavras 'antirracismo' ou 'racismo'. Isto fai que seja algo que há que trabalhar muito. É um exercício de introspeçom constante e de autocrítica.

Entendeu?
(Pois é. Já pode acrescentar ao seu currículo profissional a capacidade razoável de leitura em um novo idioma.)

A segunda consideração importante é que essas duas línguas do oeste da península, pelo menos até por volta de 1250, foram uma única realidade. Do ponto de vista mais tradicionalmente defendido em Portugal, trata-se de duas línguas irmãs, que se formaram a partir de uma mesma matriz medieval, chamada com frequência de galego-português. Do ponto de vista dos linguistas galegos, no entanto, e com argumentos extremamente sólidos, o galego teria uma história mais contínua, enquanto o português seria um derivado desse tronco, uma espécie de língua-filha que surge conforme os galegos foram migrando para o sul, à medida que, dos novos contatos que ocorreram nessa região, surgiam recombinações e reestruturações que geravam variedades novas, diferentes do galego falado no norte.

O português que a partir dos anos 1140 começará a se estabelecer como língua do nascente Estado lusitano é, portanto, uma versão alterada dessa fala que foi se formando ao norte da península, na antiga província romana da Galécia. Fora, assim, de Portugal.

Pois bem.

O português, então, não "vem do latim" diretamente. Vem do galego, que — este, sim — veio do latim. Mais um desvio de trajetória.

Mas se tudo isso se deu dentro das fronteiras da antiga Galécia, no extremo noroeste da península, o que aconteceu nesse tempo com as formas do latim que tinham sobrevivido mais ao sul, na área que corresponde de maneira mais direta ao atual território de Portugal, nas antigas províncias da Bética e da Lusitânia?

Bem... por lá eles estavam lidando com mais uma invasão.

Os "árabes" e mais aspas

O fim do domínio germânico da Ibéria foi mais precoce do que poderia ter sido, porque logo depois do ano 700 uma nova onda de invasores chegou ao litoral sul da península e, em relativamente pouco tempo, ocupou a quase totalidade da região.

De certa forma, a chegada dos árabes representa um tipo diferente de ruptura na formação da língua portuguesa. Primeiro porque, se havia celtas também na França e germânicos também na Itália, fazendo com que essas presenças tenham marcado a formação de outros idiomas românicos, os árabes trouxeram uma contribuição que geraria um superestrato exclusivo da Ibéria, causando ondas de mudanças sociais, históricas e linguísticas que separam as línguas daquela região das outras faladas no restante da România. Segundo porque eles eram, afinal, povos não indo-europeus, com uma cultura e uma religião diferentes das que já iam homogeneizando a Europa, representando, assim, um elemento de choque ainda mais acentuado a individualizar a formação da região.

Até hoje não se defendeu com sucesso uma interpretação que aponte com certeza uma interferência do árabe sobre a gramática do português. Por isso, quando se fala desse assunto, invariavelmente acabamos diante de listas de palavras: *alcachofra, alcateia, álcool, aldeia, alface, alfaiate, algarismo, álgebra, algema, algodão, algoritmo, alicate, almofada, almôndega, açougue, açúcar, arroz, azar, azeite, azul, café, enxaqueca, esfirra, fulano, garrafa, laranja, mesquita, oxalá, papagaio, salamaleque, talco, xadrez, xerife, zênite, zero...*

De cara, perceba que esse elenco mistura alhos com bugalhos. De um lado, temos palavras que de fato chegaram até nós mil e tantos anos atrás; de outro, temos *esfirra*, que não só é um empréstimo do século xx como vem de um dialeto específico do árabe que acabou sendo desproporcionalmente representado na migração mais recente para o Brasil: o sírio-libanês. Afinal, o árabe, como se deu com o latim, continua sendo usado no mundo moderno e sendo empregado em dezenas de países diferentes como língua de origem ou como língua que chegou com o islã. Isso faz com que haja uma relativa uniformidade do dito árabe clássico, do Corão e das mesquitas, e uma variedade imensa do árabe dialetal de cada área, que, como as línguas românicas, foi se singularizando nos países onde é falado. E, como língua viva, podemos ter empréstimos modernos do árabe sírio-libanês, como temos do malaio ou do japonês. Teremos *esfirras* como temos *jangadas* e *caraoquês*.

A presença da palavra *Corão* na nossa lista levanta um detalhe que costuma chamar a atenção mesmo dos leigos: a grande proporção de palavras iniciadas com a letra *a* e ainda mais especificamente com *al*. Lembre que o livro sagrado dos muçulmanos também foi chamado, tradicionalmente, de *Alcorão*.

Esse *al* nada mais é que o artigo definido, o nosso *o* ou *a*, que sofre transformações diante dos sons representados pelo que os árabes chamam de "letras solares", reduzindo-se a um *a*, enquanto se mantém íntegro, como *al*, diante das ditas "letras lunares".

Essa confusão em que o artigo é considerado parte integrante da palavra ou em que uma parte da palavra é tomada pelo artigo não acontece só com palavras árabes: o latim tardio *episcopu* (de origem grega, com o sentido de "supervisor") gerou em português a palavra *obispo*, por sua vez reinterpretada como *o bispo*. Esse tipo de reinterpretação, a que mesmo palavras portuguesas estão expostas, mostra que a presença ou não desse artigo nas formas derivadas de palavras árabes no português também pode fornecer indícios importantes do tipo de contato entre os dois idiomas. Pois outro dado curioso daquela lista é que nem todas as palavras ali presentes são exclusivas do português e do espanhol.

Na verdade, muitíssimos idiomas modernos usam palavras como *álcool*. Se os árabes dominaram as terras de Espanha e lá se instalaram física e culturalmente, sua ciência, sua filosofia, sua química e sua astronomia se espalharam por toda a Europa. Um exemplo curioso e concentrado desse impacto é a obra do matemático Al--Khwarizmi, morto aproximadamente em 847, cujo nome rendeu nossas palavras *algarismo* e *algoritmo*; ele também foi o autor de um tratado muito influente conhecido como *al-jabr*, "a consolidação", origem da palavra moderna *álgebra*. Essa onda de conhecimento que os árabes levaram para a Europa proporcionou palavras como *álcool*, *zênite*, *nadir*, *zero*, em uso constante em todo o mundo.

Mas o mero dado de não termos *súcar* ou *cotão*, e sim *açúcar* e *algodão*, enquanto o inglês tem *sugar* e *cotton* e o francês tem *sucre* e *coton*, pode demonstrar que entre nós essas palavras chegaram efetivamente através de falantes: em situação de uso corrente. Seria por isso, então, que elas foram importadas junto com o artigo definido, que para quem aprendia a língua "de ouvido" parecia ser parte da palavra. Já outras línguas, nas quais esses termos chegaram com a ciência, podem ter feito esse empréstimo das palavras "em estado de dicionário", como diria Drummond.

Outro dado interessante é a presença, entre as nossas exclusivas palavras "árabes", de termos que têm outras origens. Um exemplo é a palavra "azul", que na verdade vem do fársi, língua que também pode ser chamada de persa e que ainda hoje é falada no Irã, terra que já havia sido islamizada quando os muçulmanos vieram da Península Arábica para a Ibérica. Mais um caso, portanto, daquelas influências transversais.

Especialmente interessantes nessa lista são duas palavrinhas derivadas de expressões, de frases árabes: nosso *salamaleque*, que surge da expressão *salam halayk* [que a paz esteja com você] que os muçulmanos ainda hoje usam como saudação, e nosso *oxalá*, derivado do *wa xa'llah* [e queira Deus], variante do *in xa'llah* que aparece dezenas de vezes ao dia nas conversas entre muçulmanos em qualquer lugar do mundo. São permanências não apenas de vocábulos, mas de hábitos, que de certa forma indicam a profundidade dos contatos entre as duas culturas na Ibéria, mostrando as interpenetrações, as interferências e as influências que marcavam o cotidiano das populações algo mistas das regiões em que houve a presença do islã.

Cabe lembrar que aquilo que os linguistas chamam de léxico, o vocabulário de uma língua, é um dos dados mais superficiais que podemos analisar. Palavras novas surgem o tempo todo, enquanto as antigas caem em desuso sem cessar. Palavras também mudam de sentido de um ano para outro e podem ser tomadas por empréstimo de qualquer contato cultural ou de qualquer objeto ou fenômeno importado (é uma velha máxima da linguística histórica: as palavras vêm com as coisas). Qualquer família pode ter alguns termos de uso interno que só seus membros compreendem.

O mesmo não se dá com os níveis mais profundos da análise linguística, como a formação das frases ou os sons do idioma.

No caso dos arabismos vocabulares do português, a colossal quantidade dessas palavras e também, como vimos, o tipo de processo que as trouxe até a nossa língua acabam revelando uma marca mais profunda, um convívio mais intenso. *Cenoura*, *papagaio* e até mesmo *fulano* são exemplos de palavras ausentes nos idiomas europeus em geral, que nos chegaram do árabe e hoje parecem ser cem por cento nossas.

Mesmo fora da linguística é possível perceber a extensão das marcas deixadas pelo mundo árabe na Ibéria, especialmente no sul da península, onde essa presença foi mais duradoura. Procure na internet imagens do palácio Alhambra, na Espanha, ou qualquer imagem da cidade de Granada, e você vai perceber características de uma arquitetura inconfundivelmente arabizada, de padrões de ornamentação cheios de *arabescos*. Ouça cantores de música flamenca (ou alguns fados portugueses mais melancólicos) e vai notar similaridades diretas, por exemplo, com o canto ornamentado, acrobático, da música tradicional árabe e até dos chamados dos muezins nos minaretes das mesquitas. É um mundo de cultura híbrida marcado profundamente por essa presença.

O que foi essa presença "árabe", no entanto? E por que insisto em usar aspas para falar desses "árabes"?

No ano de 610, um pastor que costumava passar noites isolado numa caverna, orando e meditando, recebeu a visita do arcanjo Gabriel (Jibril, em árabe), que lhe informou que ele, o humilde Maomé, era o verdadeiro profeta de Deus. Desconfiado de sua visão, temendo tratar-se de uma manobra dos *djinns*, os "gênios" que povoavam a imaginação dos habitantes da Península Arábica, o pastor, de início, relatou sua experiência apenas a um ciclo restrito de conhecidos. Em 613, no entanto, ele começou a pregar em público, dando forma a uma nova religião, que ficaria conhecida como islã, ou seja, *submissão* (à vontade de Deus). Sua mensagem era simples e direta, e sua pregação foi incrivelmente bem-sucedida, unindo as tribos da região sob um mesmo credo, uma mesma fé.

Mas a expansão do islamismo se baseou também na espada, e a partir desse momento cresceu a uma velocidade vertiginosa. Quando Maomé morreu, em 631, o islamismo já tinha conquistado quase toda a península, e nos trinta anos que se seguiram à morte do profeta os primeiros quatro califas (seus sucessores) agregaram a esse território uma porção considerável da Índia, toda a Pérsia, o Egito e a Síria, fazendo a fé islâmica chegar até o litoral do Mediterrâneo. Mais três décadas depois, haviam conquistado os povos berberes do norte da África e feito incursões pela Ibéria, literalmente do outro lado do mundo conhecido. O islã, com essa imensa velocidade, se tornava o "outro" em relação ao qual a história do mundo cristão se definiria por um milênio e meio.

Esse "outro", porém, não era tão estranho assim.

É importante ressaltar que Jesus de Nazaré é reconhecido como profeta no islamismo e que o Deus de Maomé era, e é, precisamente o mesmo Deus dos cristãos e dos judeus. *Alá*, que por vezes pensamos ser o nome de uma divindade, é apenas a palavra árabe que corresponde ao grego *Théos*, ao latim *Deus*, ao alemão *Gott* e ao romeno *Dumnezeu*. Se você comprar uma Bíblia católica, publicada em árabe para cristãos libaneses, vai poder ler toda uma narrativa de como Alá criou o mundo em sete dias, e o jardim do Éden etc.

Essa estranha proximidade também ficou sublinhada porque os árabes, ao usar o mundo berbere do norte da África como uma espécie de trampolim para sua empreitada europeia, contribuíram mais ainda para a complexidade dos processos laterais de interferência e empréstimo. Isso porque os berberes, mais tarde chamados de *mouros* na Ibéria, não são povos árabes. São falantes de línguas próprias (a mais presente no mundo de hoje é o tamazigue) que foram conquistados e se converteram ao islã.

Logo, boa parte dos "árabes" que vão chegar à Ibéria não era étnica, cultural e nem mesmo linguisticamente "árabe". Entendeu o porquê das aspas?

Para complicar ainda mais, essa região do norte da África vivia em estreita relação cultural e linguística com Roma desde as Guerras Púnicas, quase mil anos antes. Logo, não é absurdo pensar que os comandantes que chegaram à Ibéria trazendo o islã (a grande força identitária de todo esse processo), ao dirigir suas tropas e depois instalar colonos de origem berbere, que possivelmente falavam até mesmo uma forma de latim dialetado no norte da África, puseram em contato bem mais do que duas culturas. Foram "árabes", berberes, populações romanizadas e depois islamizadas que chegaram ao litoral sul da Espanha em 711 e que, nos séculos seguintes, numa onda vigorosíssima, conquistaram uma fatia imensa desse território, empurrando o que restava das embrionárias "casas" da nobreza romano-germânica cada vez mais para o norte.

O que aconteceu nessa faixa ocupada, enquanto os reinos cristãos primeiro se recolhiam, perdendo uma batalha depois da outra, e depois se reorganizavam para iniciar o que se conheceria como a Reconquista, foi também definidor das características do que viria a ser a língua portuguesa. Nessa região havia muçulmanos, de etnias e línguas diversas, judeus, e também cristãos assimilados em graus diversos: foi essa a origem da cultura chamada de *moçárabe* e que, em grande medida, teria seu espelho na cultura *mudéjar* dos muçulmanos que permaneceram na península quando os califados passaram a perder batalhas e ceder território.

Ou seja, além de uma *terra de ninguém* que separava um mundo mais claramente islamizado de um mundo cristão, e que foi se movendo primeiro para o norte e, séculos depois, rumo ao sul, as duas ondas de expansão foram também ondas de inclusão, que promoveram o convívio de populações assimiladas em graus diversos, proporcionando uma troca ainda maior de influências.

Um belo exemplo dessa ênfase na sobreposição, na interferência e, de certa forma, na mestiçagem, vem da história de uma única palavra.

Trata-se de um exônimo, nome dado a um povo por quem não faz parte dele. Os romanos chamavam de *mauri* (singular *maurus*) os habitantes berberes do norte da África, o que deu origem ao nome da Mauritânia atual e aos nomes próprios Mauro, Maura e Maurício. Foi como *mouros*, ou *moros*, formas derivadas daquela primeira, que esses povos foram inicialmente conhecidos na Ibéria. Com o tempo, a palavra passou a se referir a toda a cultura islâmica da região (árabe-berbere, portanto), e no uso comum dos dias de hoje ela às vezes se refere apenas aos árabes. Outra derivação, também baseada num choque de alteridades, foi a que fez com que se chamasse alguém de *mouro* por causa da cor da pele. Ainda hoje se pode usar o adjetivo *mourisco* com o sentido de "escuro" em português.

E é daí que tiramos a nossa brasileiríssima palavra (e, de novo graças a Caetano Veloso, que batizou assim seu primeiro filho, também o nome próprio) "moreno", que veio do latim para se referir aos berberes, passou pelo árabe e pela Ibéria e descreve como poucas a nossa terra: palavra que é ela mesma uma história de convívio, preconceito, exclusão e sobrevivência.

Foram de fato séculos de um convívio complicado. Desde a famosa expedição de Tárique, com seus 9 mil homens que partiram do norte da África em 711 (e que talvez fosse apenas mais um de uma sucessão de ataques predatórios ao litoral sul da Europa, mas que acabou se tornando o marco de uma conquista efetiva), até a derrota do último emirado muçulmano no sul da Espanha, em 1492, transcorreu mais tempo do que entre a chegada das legiões de Roma à Ibéria e o princípio das invasões germânicas. Os "árabes", essa população mista, miscigenada, múltipla e diversa, marcariam para sempre a região que acabaram ocupando por mais tempo que os romanos, um período delimitado pela vinda de "bárbaros" e "berberes", duas palavras que inclusive podem ter a mesma origem.

A Reconquista

O decantado movimento de retomada dos territórios islamizados da Península Ibérica foi marcado pelos tons messiânicos das Cruzadas. Tratava-se, do ponto de vista que ainda estava presentíssimo quando da redação d'*Os lusíadas*, por exemplo, de eliminar da face da Terra a presença da "maura lança", dos "mouros pérfidos".

Esses matizes meio míticos e místicos transparecem nitidamente na narrativa tradicional que sustenta que, no transcorrer da famosa Batalha de Ourique, em 1139, o próprio Deus se manifestou ao predestinado Afonso Henriques, que a partir de então teria sido consagrado rei por seus soldados. Foi essa revelação que deu início à dinastia de Borgonha, a primeira casa real a dominar o nascente Estado português, que adotaria como emblema o conjunto de cinco *quinas* que representam as chagas de Cristo, ainda presentes na bandeira portuguesa.

É difícil, mesmo hoje (talvez especialmente hoje), não sentir um arrepio ao ler esses relatos de um mundo em conflito, dividido entre cristãos e muçulmanos que enxergam uns aos outros como inimigos mortais numa espécie de batalha cósmica entre o povo que afirma "Deus é grande" e aquele que clama *"Allahu aqbar"*, frases que são a tradução perfeita uma da outra. É ainda necessário lembrar que o que hoje é facilmente identificável como o espírito jihadista de certo extremismo islâmico, que prega o extermínio do inimigo, era, naquele momento, o espírito cruzado dos extremistas cristãos, que não titubeavam também em cometer as maiores atrocidades para aniquilar seu opositor.

Como esta é uma história da língua portuguesa, há que reconhecer que, sem o sucesso da Reconquista, poderia até haver a língua galega como a conhecemos hoje, mas o português provavelmente não estaria nos mapas linguísticos. E há que reconhecer também que a sobrevivência dessa nova variedade românica mais ao sul da Galiza dá mostras do poder do convívio e da sobrevivência de suas cicatrizes. O português é uma das melhores provas de que, se foi possível expulsar fisicamente os muçulmanos da Ibéria, e mesmo eliminar dali sua religião, sua política e sua economia, as marcas de sua presença permaneceram: a língua que restou naquele lugar carrega até hoje esses sinais.

Em 1492, mesmo ano do decreto que sacramentou

o banimento dos judeus da Península Ibérica — o que dá claramente o tom daquele momento histórico —, e mesmo ano em que "descobriram" a América, pressionados inclusive pelo reagrupamento das forças muçulmanas no norte da África agora sob a égide do Império Otomano, castelhanos e aragoneses conquistaram a última possessão árabe no sul da península. Seria possível supor que o fim desse século xv trouxe consigo o fim da "ameaça" muçulmana e o começo de tempos novos num Novo Mundo. Mas as marcas daquele período ainda viriam a ditar as características do futuro da Ibéria. E também daquele mundo ainda por descobrir.

Costuma-se dizer que o próprio mapa linguístico da atual Península Ibérica é resultado da organização do movimento da Reconquista, com o condado de Barcelona se responsabilizando pela conquista da faixa oriental do território (área dominada posteriormente pelo idioma catalão), as casas que bem mais tarde se fundiriam sob a bandeira de Castela retomando a região central, e o que viria a ser a nobreza de Portugal ocupando o extremo oeste. Ou seja, listras verticais que determinariam as características principais de áreas culturais e linguísticas diferentes. Mas essa afirmação deixa de lado um aspecto importante: ao contrário do que aconteceu com a zona linguística castelhana e também com a catalã, que mantiveram certa integridade norte-sul apesar de sua inexorável variabilidade dialetal, a faixa ocidental da península acabaria se fragmentando política e linguisticamente, dividida entre Galiza e Portugal: entre o galego ao norte e o português, no centro-sul.

Em termos estritamente ligados ao período coberto pelos quase oitocentos anos de que estamos falando, qual a grande diferença entre o território que hoje corresponde à Galiza espanhola e o que cabe a Portugal?

Ora, foi só sobre parte de Portugal que se estabeleceu o domínio dos *mouros*.

É como imaginar um pedaço de tecido mergulhado quase todo numa tina de corante azul (essa linda palavra de origem persa), com apenas um pedacinho intocado lá em cima enrolado nas mãos do tintureiro. Por mais que depois se tente lavar o azul do pedaço tingido, para um olhar atento, aquela área do tecido vai continuar com um tom mais celeste. A "cor" deixada pela presença muçulmana em Portugal ainda se faz notar no genótipo (características genéticas) e no fenótipo (características físicas visíveis) dessa população, assim como em sua cultura, em sua música, no nome de suas cidades e regiões (Algarve, o nome da região sul de Portugal, vem de *Al-gharb*: "o oeste") e, claro, em sua língua.

O processo de retomada gradual do centro e do sul

da península pelas forças do norte católico foi sendo acompanhado por uma mudança da "capital": o centro urbano de referência do novo poder que ia se estendendo. A cidade de Guimarães foi a primeira dessas capitais, seguida por Coimbra. Lisboa, reconquistada em 1147, estava cravada bem no meio do território islamizado da península. E é como parte dessa migração do centro de poder cada vez mais para dentro do território retomado que podemos imaginar um quadro de mudança linguística que pode ser bem exemplificado mesmo com um olhar atento para o presente.

Se "a vida vem em ondas, como um mar", o mesmo se pode dizer da mudança linguística. Se é natural das línguas um estado permanente de fluxo, de alteração constante, não se pode esquecer que outra característica central das nossas sociedades é o estabelecimento de hierarquias de prestígio. Ou seja, mudanças surgem ininterruptamente, mas algumas mudam mais do que outras.

Assim, é possível estimar que determinada inovação linguística tem mais chance de se espalhar e de passar a ser dominante em certo território se for adotada pelas classes sociais de mais prestígio. Aquelas nas quais as outras classes podem querer se espelhar. Mais uma vez, voltamos aos paralelos com a seleção natural darwiniana: uma nova variante é selecionada e privilegiada apenas quando confere vantagens aos indivíduos que a ostentam. Nesse caso, a vantagem é social. Falar como as classes dominantes pode ser uma maneira de tentar suprimir a distância que nos separa delas.

Logo, em sociedades como a nossa, as mutações ocorridas na cidade onde se concentram as figuras de prestígio (milionários, bispos, nobres... atrizes, influencers...) têm mais chance de ganhar terreno em pouco tempo. Elas de saída recebem um estatuto de formas prestigiadas. Com isso, se pensamos na mudança da "sede" do poder português cada vez mais para dentro da área que num passado mais do que recente ainda era islamizada, podemos facilmente imaginar que são as características da fala dessas regiões (seu sotaque, seu vocabulário) que aos poucos, de geração em geração, passarão a ser incorporadas ao idioma de referência. Aquele tom azul do terreno passa a ser visto como mais e mais prestigioso. O que antes era a fala rústica do mundo moçárabe passa a ganhar ares de referência.

O Estado nacional português foi fundado durante o processo de Reconquista, ou seja, trata-se de uma nação muito precoce para os padrões da Europa, e manteve suas fronteiras fundamentalmente estáveis desde então. Mas, do nosso ponto de vista, a fronteira mais importante que é desenhada com a independência de Portugal e a criação dessa nova linhagem de reis na península é a que separa definitivamente os centros difusores de mudança linguística da Galiza e os do sul, fazendo com que aos poucos as inovações que surgiam e ganhavam terreno em Santiago ou em Vigo, cidades que agora estão dentro do que viria a ser a nação espanhola, não mais se espalhassem para o sul, onde, por sua vez, formas, sotaques e construções novas iam surgindo sem contagiar os vizinhos do norte.

Lembre que às vezes o processo de traçar um risco no chão, uma fronteira, pode, sim, ter efeitos linguísticos de longo prazo. O processo de "especiação" começou cedo em Portugal e resultou na cisão definitiva entre o galego e o português, dada por resolvida meros cem anos depois, ainda por volta de 1250. Ele dependeu, sim, do estabelecimento de uma fronteira política, mas também do fato de que em cada lado daquele risco havia culturas que por séculos viveram sob influências diferentes.

Antes de nós

Terminado o processo da Reconquista e estabelecido o rumo da jovem nação portuguesa, a história do idioma naquele lado do Atlântico seguiu um caminho que sem dúvida também enfrentou percalços, mas que de certa forma foi mais retilíneo.

Depois de passar por um longo período de um bilinguismo mais ou menos institucionalizado, em que o latim preenchia as funções de mais prestígio na sociedade e o português ia se formando como língua oral da população alfabetizada e não alfabetizada, aos poucos o "novo" idioma vai ocupando o lugar dessa língua-mãe no mundo oficial, nas receitas dos médicos, nos documentos da corte, nos processos civis. Nesse processo, o português ganha não apenas um estatuto mais parecido com o de língua oficial, mas inclusive um nome.

Nos primeiros séculos de seu emprego era frequente ser chamado apenas de *linguagem*, ou de *nossa linguagem*, expressão que tinha até certo caráter depreciativo por sua vinculação com a anatomia da língua, reles órgão da fala. Já o latim, idioma da escrita, era por vezes chamado de *gramática*. É gradualmente que se passa a falar em *língua portuguesa* e, depois, em *português*.

Mas, além da questão da nomenclatura, outros problemas tiveram que ser resolvidos para que esse falar românico se tornasse a língua de um Estado. Aos poucos, por exemplo, foi se perdendo a relativa liberdade gráfica vista nos primeiros textos do português (que datam do final dos anos 1100, começo dos 1200), em que os redatores ou copistas pouco se preocupavam com noções de regularidade e de correção, providências adequadamente reservadas para uma língua mais séria como o latim. Nesses textos, era bastante comum ver a adoção de mais de uma grafia para a mesma palavra, por vezes num único parágrafo.

Com grandes poderes vêm grandes responsabilidades, e os novos usos do idioma passaram a demandar padrões comuns de representação de seus sons, que não variassem segundo o sotaque ou as veleidades de cada pessoa que empunhasse uma pena, e que permitissem uma circulação maior dos textos. Isso foi especialmente problemático, e variável, para os sons que não tinham representação pronta nos usos antigos do alfabeto latino.

Não custa lembrar que aquele conjunto de signos tinha sido imaginado para dar conta de maneira mais do que satisfatória dos sons de um único idioma, o latim, e hoje é usado pelas mais variadas línguas. Com isso, esse abecedário teve que passar por estranhos processos de adaptação. Riscos, pingos, traços, bolinhas, letras dobradas, encontros de consoantes para representar um único som (o que na linguística se chama de dígrafo), tudo foi sendo improvisado para permitir que sons inimagináveis para um Sêneca ou um Virgílio pudessem ser escritos com aquelas mesmas letras. Para poder reproduzir sons desconhecidos do latim, chegamos até a inventar letras novas, como o *j* (originalmente um *i* mais longo) e o *v* (derivado da forma angular do *u*, usada em inscrições monumentais).

Em nosso caso, no que ia se tornando a terra dos portugueses, foram necessárias algumas adaptações especiais, como a cedilha, representação subscrita de uma letra *z*, o til, representação sobrescrita de um *n*, bem como os dígrafos *ch*, *nh* e *lh*, provavelmente importados do provençal, língua românica do sul da França. Além disso, uma das mais singulares inovações do português (acompanhada apenas pelo francês, entre as línguas românicas, e por pouco mais de cinquenta entre os milhares de idiomas do mundo), as vogais nasais também precisaram de adaptações: não só o til, mas as consoantes nasais (*m* e *n*) acabaram sendo recrutadas para denotar a pronúncia em que um pouco do ar sai também pelo nariz (como *um som sem fim*).

E o que dizer dos ditongos nasais, essa coisa ainda mais estranha e aparentemente única do nosso idioma? Só nós sabemos dizer *não*. E tanto essa pronúncia quanto sua representação levaram algum tempo até se uniformizar. Tivemos *nam*, *non*, *nõ*...

Vale lembrar que algo como a ortografia, ou seja, a definição de que existem formas corretas e incorretas de grafar uma mesma palavra, depende da existência de instituições organizadas que tomem essas decisões e tenham autoridade para implementá-las e até, em alguns casos, fiscalizar sua aplicação. Se pensarmos que as primeiras gramáticas dedicadas à língua portuguesa vão surgir apenas depois de 1530, temos uma bela noção do longo período em que as práticas escritas do idioma, exatamente por ele estar fora do radar do Estado e das instituições, gozaram de relativa liberdade.

O período em que surgem essas gramáticas marca uma fase de grande alteração nos caminhos do português. Sob influência de ideias e ideais renascentistas, trazidos da Itália, tanto a literatura quanto o próprio idioma de Portugal passam por uma verdadeira revolução:

uma modernização forçada e veloz. Até cerca de 1572, quando será publicado o épico *Os lusíadas*, de Camões, a forma culta da língua se transforma e se estabiliza.

Mas, curiosamente, nesse estranho rito de passagem para aquilo que seus usuários, naquele momento, poderiam considerar como a vida adulta e independente do idioma, a coisa mais marcante é, de certa forma, um desejo de reaproximação do latim. Na época, vocábulos latinos eram importados e polvilhados pelos textos para elevar sua dicção. Assim, vemos aumentar de modo considerável o número daqueles pares de palavras em que uma forma evoluiu muito devagar na oralidade, passando por profundas alterações, enquanto a outra foi importada e vem prontinha, por via escrita, com uma forma por vezes idêntica àquela existente em latim. É o caso dos pares de palavras mais e menos correntes mencionado lá atrás.

É assim que o latim vulgar *oculu* vai gerar nossa forma erudita *óculos*, além da forma popular *olho*.

Certos casos são até mais férteis. O cultismo *mácula*, como boa proparoxítona, é um item importado nesse período (o dicionário *Houaiss* registra sua presença na língua apenas em 1568), mas suas formas populares (sim, no plural), que evoluíram de modo diferente em regiões e circunstâncias diferentes, são muito mais antigas. *Malha* aparece no século XIII, *mágoa* no XIV e *mancha* no XV. É um belo exercício tentar entender a migração de sentidos entre esses termos: afinal, uma *mágoa* é uma espécie de *mancha*, seja no coração ou na canela (na minha infância ainda se dizia que uma pancada que não tirou sangue *só magoou*), e um animal *malhado* tem *máculas* claras na pelagem escura, ou vice-versa.

E mais: vem do mesmo lugar a antiga palavra *mangra*. Desde o século XV ela é usada como nome popular de uma doença que afeta as gramíneas, deixando suas folhas com uma aparência, como você já deve imaginar, manchada.

Isso não acontece só com as proparoxítonas. O latim tardio *planu*, que nós até já usamos, gera a nossa forma chique *plano* e todos os seus sentidos, mas antes disso ele já tinha se transformado também em *chão* (lembra a história do *ch* dos suevos?) e, inclusive, em *porão*.

As tendências de regularização e relatinização também deixam marcas na grafia das palavras, que cada vez mais tende a escolhas que não apenas representem os sons da língua, mas que também registrem sua origem latina. Isso deu início a uma série de confusões e, claro, de reformas ortográficas, que no entanto não nos livraram de ter, ainda hoje, de escrever *piscina* com um *sc*, o que, ao menos para nós, brasileiros, não faz o menor sentido — tudo porque a palavra deriva do latim clássico *piscis* (peixe), que se pronunciava *pískis*. Ou seja, para eles a grafia era lógica, e nela cada letra representava um som.

Já entre nós... Pense nas palavras *céu, seu, exceto, caça, nascer, exsudar, osso, cresça, próximo*. Em cada uma delas o mesmo som (*s*) é escrito de maneira diferente. Por outro lado, a humilde letra *x* pode representar sozinha quatro sons da língua (*xepa, exato, táxi, próximo*). Em alguns desses casos é a vontade de marcar aquela filiação latina que produz a multiplicidade de formas, ainda que em outros o problema venha de distinções sonoras que o português antigo tinha e que nós perdemos. Escrevemos *céu* com *c* porque a pronúncia antiga era *tséu*, e reservávamos o *s* para grafar palavras como *seu*, que já pronunciávamos do modo como fazemos hoje. Da mesma maneira, *chave* não se escrevia com *x* porque sua pronúncia era *tchave* (com sorte, você ainda ouve essa forma em certos bolsões do Centro-Oeste brasileiro).

Em suma, foi um período em que, para o bem e para o mal, tentou-se pôr "ordem" na língua. Dicionários, gramáticas, ortografia, regularização de algumas exceções (como antigos particípios do tipo *sabudo* e *conheçudo*, que no entanto deixaram sua marca em um termo como *conteúdo*). Tudo isso tem seu papel. Se a ideia é que um idioma seja um veículo de comunicação e um meio de governança para toda uma nação, de fato é conveniente que sua escrita seja uniformizada, convencionada. Além disso, esse grau de consciência etimológica, por mais que levasse a grafias como *phtysica*, também cumpria seu papel para a autoimagem de um idioma que até pouco antes era mera "parolagem" e que agora pretendia ter lugar cativo entre as grandes línguas de cultura do mundo, desafiando o poder do próprio latim em certas áreas.

Essa ingerência intelectual nos caminhos naturais da mudança linguística também produziu outros resultados estranhos. Já sabemos que a queda de certas consoantes intervocálicas era comum no português antigo. O que eu não mencionei foi que, quando a consoante em questão era o *n* e ele vinha logo depois da sílaba tônica da palavra, esta tendia a deixar como marca de sua queda a pronúncia nasalada da vogal anterior, coisa que depois evoluiu de maneiras variadas. (Esse fenômeno continua vivo: você fala *bānāna* ou *bánāna*, mas nunca *bánána*; a tônica seguida de consoante nasal vai ser sempre pronunciada com um som nasal pelos falantes nativos, e era essa pronúncia que restava quando a consoante caía.)

Assim, do latim vulgar *vinu* fizemos *vĩo* e depois

desfizemos esse choque entre vogal nasal e oral com *vinho*. Mas de *arena* chegamos a *arẽa* e depois *areia*, desfazendo o encontro com uma semivogal e perdendo a nasalização, que no entanto ajudou a manter a pronúncia da palavra distante daquela de um termo como *ideia*; mas a nazalização volta e meia ressurge, em formas como *arenoso*. Em *luna*, como já vimos, o que aconteceu foi a desnasalização total da forma intermédia *lũa*, outra pronúncia que, com muita sorte, ainda se pode ouvir no meio rural. Esses processos se deram todos na fala, e, quando a escrita teve que lidar com eles, o fez com suas formas já mais ou menos definidas.

Mas o processo nem sempre se deu dessa maneira, digamos, normal, em que primeiro a língua resolve suas questões internas, alcançando formas mais estáveis, e depois a escrita encontra meios de representar esse resultado.

No caso do latim vulgar *unu*, com a queda do *n* surgiu o previsível *ũu*. E aqui, como as duas vogais são as mesmas, houve a fusão: *ũ*. Até hoje podíamos estar escrevendo o número ou artigo indefinido com til, ou com um *n* final, ou de acordo com qualquer outra convenção que tivéssemos estabelecido. Mas acabamos decidindo que, em final de palavra, em posição tônica, a nasalidade seria representada por um *m*. Logo, temos a palavra *um*, na qual a consoante é mero adereço gráfico para indicar a pronúncia nasal (perceba que você junta os lábios para falar *mu*, mas não para aquele som final de *um*, em que o *m* está apenas sinalizando a nasalidade).

Mas *um*, para nós, tem também a forma feminina, que como você bem sabe é *uma*. E aqui a coisa complica mais uma vez.

A dificuldade está em bater o martelo e decretar que essa forma deriva diretamente da escrita, dando realidade concreta àquele *m*, agora pronunciado como sempre seria em situações normais. Ainda assim, essa é uma hipótese perfeitamente viável para, no mínimo, explicar o reforço do que continua sendo um desvio estranho, pois, não fosse esse gesto de regularização no papel, hoje teríamos um masculino *ũ* e um feminino *ũa*.

Dependendo do lugar em que você esteja lendo este livro, pode estar se dizendo: "Mas é bem assim que a gente pronuncia!". Afinal, a forma *ũa* continua viva na fala de certas regiões do Brasil, marcadamente no Nordeste, pois outra certeza da linguística histórica é que os processos quase nunca eliminam algo sem deixar uma marca: uma sobrevivência.

O mesmo se dá, aliás, com a forma *fruita* (lembra de *escuitam* no exemplo do jornal galego?), que resiste no dialeto dito caipira e poderia ser normal em nosso idioma se não tivesse sido atropelada pela grafia etimologizante *fructa*. As mudanças típicas de uma língua também têm suas janelas de oportunidade, acontecem durante determinado período. Quando a grafia da palavra foi restaurada, o português já não transformava *ct* em *it* como no tempo em que formamos *oito, noite, peito, jeito*... Assim, os usuários não tinham lembrança do momento em que essa grafia representava o som *fruita*, e a confusão com os casos em que ela representava o som *t* pode ter contribuído para regularizar a forma *fruta* no português clássico.

Quando se mete a mão no processo da mudança linguística, o resultado tende a ser imprevisível.

Mas, passada essa fase turbulenta de reorganização do idioma, esse banho de loja em que a linguagem se transformou em orgulhosa "flor do Lácio", a história do português na Europa se encaminhou de maneira razoavelmente estável. Claro que, como qualquer idioma, ele continuou recebendo influências de línguas vizinhas (como no caso do espanhol, sobretudo entre 1580 e 1640, quando Portugal voltou a fazer parte do reino de Espanha), de grandes idiomas de cultura (em especial o francês e o inglês) e de línguas de migração (tão comum quanto a *esfirra* árabe na minha cidade é em Lisboa a *chamuça* indiana, que aqui chamamos de *samosa*).

É verdade, também, que coisas estranhas ainda aconteceriam com a língua de Luís de Camões, que mal reconheceria a pronúncia de um lisboeta dos dias de hoje, tamanha a revolução que ocorreu nos sons do idioma depois de sua morte (Camões soaria muito mais parecido comigo do que com o presidente de Portugal). Mas nada do que se deu com a língua portuguesa da Europa se compara ao que lhe ocorreu quando ela fez-se ao mar.

Kriol

Indo ao mar, os portugueses primeiro encontraram territórios que seriam povoados com colonos europeus, como as ilhas dos Açores e da Madeira, que hoje falam suas próprias variedades da língua portuguesa. Mas ao estenderem suas rotas para o litoral da África, eles começaram a chegar a terras novas, que logo viriam a ser ocupadas por uma mistura de europeus e negros africanos escravizados. Nesse ambiente, de certa forma antecessor do que viria a acontecer no Brasil, as decorrências linguísticas foram mais diferentes.

Um dos resultados mais importantes dessa experiência, além da continuidade, até hoje, do português em vários pontos da África, foi o surgimento das línguas conhecidas como *crioulas*. Se hoje os países de Cabo Verde, Angola, Moçambique, Guiné-Bissau, Guiné Equatorial e São Tomé e Príncipe ainda têm o português como língua oficial, em vários desses lugares houve também a criação desses fascinantes idiomas "próprios".

Primeiro é preciso falar sobre o termo *crioulo*, de uso estabelecido na linguística, mesmo em idiomas não românicos como o inglês (*creole*), o alemão (*kreol*) e até o suaíli (*krioli*). A palavra tem origem românica e certamente se popularizou a partir do francês *créole*. Como a nossa palavra *criança*, ela deriva do verbo *criar*. É nesse sentido que até hoje no Brasil se fala em *cavalo crioulo* ou em *queijo crioulo*: nascidos ou feitos ali mesmo, não importados. É assim que cabe pensar nas línguas ditas crioulas. Elas, num sentido muito forte, não vieram de fora, nasceram onde são faladas.

É necessário reconhecer que durante a escravidão no Brasil a palavra era empregada, entre nós, para se referir a uma das inúmeras distinções que se faziam entre os escravizados, com fins de determinar seu preço, seu valor como mercadoria. Um negro *crioulo*, nascido na fazenda, tinha uma posição diferente da de um preto *mina*, ou *áfrica*, trazido de fora. Isso afeta a maneira de utilizar a palavra no Brasil, mesmo na linguística. Nos faz desejar uma palavra diferente.

Por outro lado, a história das línguas crioulas é uma gigantesca afirmação do poder da sobrevivência, da fertilidade das comunidades escravizadas, mesmo nas condições mais adversas. E talvez ela seja um caminho para que possamos nos apropriar da palavra em nossos termos.

O modelo de formação de idiomas visto até aqui parte quase sempre da chegada de um povo que se mistura a um substrato, ou mesmo o elimina, impondo sua nova variedade, adotando a que havia no local ou gerando uma espécie de fusão entre elas. Assim os idiomas mais antigos vão se movendo (geograficamente) e se alterando (internamente), dividindo-se em famílias de idiomas relacionados. Ainda existe muita, mas MUITA discussão na teoria linguística quanto à possibilidade de que os idiomas crioulos tenham sido formados exatamente desse modo, só que mais recentemente. Isso nos permitiria ver o processo todo em detalhe, com outros olhos. Por outro lado, há quem se pergunte se a formação dessas línguas não é algo completamente novo, que gera idiomas únicos, curiosamente parecidos uns com os outros, quaisquer que tenham sido suas origens.

Há divergências enormes e violentas no campo da teoria linguística, e vários colegas discordam frontalmente das ideias mais tradicionais. Durante bastante tempo, porém, houve um modelo "clássico" de explicação da formação dos crioulos, e ele pode ser perfeitamente exemplificado com o caso do arquipélago de Cabo Verde, descoberto e povoado pelos portugueses logo no início do período das grandes navegações.

Tome-se um pedaço de terra "descoberto" pelos europeus. Povoe-se essa terra com uma mistura de colonizadores (minoritários) e escravizados (majoritários). Como as relações entre os grupos são infrequentes e suas interações (basicamente ordens) são limitadas, de início elas ocorrem mesmo sem um idioma comum. Passado algum tempo, cria-se um conjunto também restrito de palavras, usadas pelos dois grupos para formar sentenças curtas e simples. Essa língua "abreviada" é o que se chama hoje de *pidgin*, termo surgido a partir de uma corruptela chinesa da palavra *business*.

Muitos pidgins se formaram pelo mundo. Vários se perderam com o desaparecimento de suas comunidades de falantes, alguns se mantiveram estáveis por muito tempo e outros passaram por um segundo processo, tornando-se a língua nativa de novas gerações.

Lembra aquele milagre que as crianças conseguem fazer para aprender um idioma com base em dados fragmentários e muitas vezes incoerentes? O que esse modelo tradicional supõe é que essa máquina de aprender línguas que é o cérebro das crianças pode ter sido capaz de pegar os fiapos e farrapos de idiomas que formavam um pidgin e lhes dar um corpo verdadeiro. Fazer daquilo tudo um idioma de fato.

Esses idiomas seriam os crioulos.

Pela natureza de seu surgimento, eles tendem a se formar a partir de uma "base" europeia de palavras que no entanto formam sentenças de acordo com princípios vindos não da gramática da língua de base, mas de procedimentos originais, talvez influenciados pelas regras que geriam o funcionamento das línguas nativas de seus falantes.

Crioulos, portanto, seriam línguas de contato.

Eu preciso repetir que esse modelo clássico já é muito questionado. É preciso inclusive lembrar que vários linguistas hoje apontam para o que parece existir de racista numa narrativa que atribui aos falantes negro-africanos apenas a capacidade de criar idiomas parciais e imperfeitos que precisariam depois passar pelo milagre da nativização graças ao mecanismo de aquisição de linguagem das crianças.

Por que não descrevemos nesses termos a adoção do latim pelos celtas ou pelos germânicos? Talvez os idiomas crioulos sejam apenas o resultado da interferência de duas línguas diferentes entre si em graus que não costumamos encontrar na história moderna da Europa.

Por outro lado, linguistas como o norte-americano

John McWhorter chegam a apontar quanto pode haver também de racismo subjacente no processo que parece negar quanto foram trágicas e singulares as condições históricas que geraram os idiomas crioulos durante o período da escravização de negros africanos. Para ele, afirmar a excepcionalidade dos crioulos equivale a sublinhar a vitória daquelas pessoas sobre condições horrendamente violentas. Não se poderia esperar que ali nascesse algo exatamente igual aos idiomas desenvolvidos sob "condições normais de temperatura e pressão".

Há muito tempo se discute se houve ou não a formação de um crioulo em terras brasileiras e também as razões para isso, para o sim ou para o não. Crioulos de base portuguesa estão e sempre estiveram entre os mais comuns do mundo, não apenas na África, e em alguns casos sobrevivem até hoje.

Na Guiné-Bissau, o kriol continua sendo a língua materna de boa parte da população. Em São Tomé e Príncipe, crioulos como o forro e o angolar ainda têm presença marcada. Em Cabo Verde, o kaboverdiano atingiu um grau elevado de sofisticação e uma presença cultural muito forte. Basta ouvir Cesária Évora ou Mayra Andrade cantando a *morna*, o gênero típico da música local (algo semelhante ao nosso samba), para perceber as similaridades e as diferenças com a nossa língua. E para se convencer dessa capacidade de resistência, de reinvenção e de sobrevivência das comunidades de escravizados africanos.

Cabral

Quando, naquele fatídico dia de 1500, o batel de Nicolau Coelho aportou na praia da localidade que viria a ser chamada de Porto Seguro para o que seria o primeiro contato bem documentado entre europeus e brasileiros (os primeiros habitantes da terra que mais tarde se chamaria Brasil), seus tripulantes acreditavam representar a salvação das almas através da verdadeira religião, da civilização e de indisfarçados interesses econômicos e geopolíticos imediatos. É difícil imaginar o que esperavam desse primeiro encontro os indígenas que se dirigiram à praia ao enxergar o estranho ponto que se avolumava no horizonte e que, visto mais de perto, trazia pessoas.

Ou gente parecida com o que até ali eles consideravam ser pessoas.

De modo objetivo, sabemos que o barco trouxe doenças, patógenos que vinham se desenvolvendo num ambiente darwinianamente mais competitivo, em cidades cheias de pessoas que conviviam com grandes quantidades de animais domesticados. Vírus, digamos, bem mais virulentos, para os quais os nativos das Américas simplesmente não estavam preparados, por não terem participado da mesma "corrida armamentista" que ao longo dos séculos foi afiando cada vez mais os gumes tanto dos micro-organismos quanto do sistema imunológico dos europeus.

O encontro ficou registrado na Carta do escrivão Pero Vaz de Caminha, documento fundamental da história do nosso país, de suas diferenças, de seus convívios e de suas futuras matanças. Especialmente interessante para nós é um trecho desse documento em que Caminha se dedica a comunicar o que se passou na "conversa" entre os nativos e os marujos portugueses enviados nessa primeira missão de contato. Trata-se da frase em que ele declara que os dois grupos não conseguiram se entender *por causa do mar*.

Essa frase talvez seja a inauguradora do festival de desculpas esfarrapadas que às vezes caracteriza a história brasileira. Argumentar que o estrondo das ondas que quebravam na praia teria sido a grande razão para que os dois grupos não se entendessem, e acabassem vendo sua interação se resumir a escambos, gestos e curiosidade, é quase cômico. Mas do nosso ponto de vista a argumentação não deixa de ter seu fundo de verdade. Aqueles dois grupos de indivíduos estavam há dezenas de milhares de anos separados cultural, econômica, histórica, genética e, claro, linguisticamente. E também separados por um oceano inteiro.

Todo um Atlântico de diferenças.

Nós, agora, já conhecemos razoavelmente bem a trajetória que tinha levado à língua portuguesa que desembarcava aqui com Nicolau Coelho. Um idioma que estava prestes a se institucionalizar como veículo oficial de um Estado.

Mais misterioso, no entanto, é o que estava na boca daqueles falantes de uma língua tupi que estreitaram os olhos em direção ao mar enquanto lidavam com sua curiosidade, sua ansiedade e talvez seu receio, sem ter a mais remota noção do quanto não só sua vida, mas a de toda a humanidade estava para mudar dali a instantes.

Durante todo o período em que se desenrolou a história que contamos até aqui, das migrações indo--europeias em diante, o grande continente americano já estava isolado da Europa, e povoado. Nada do que disse respeito a alemães, búlgaros, persas e indianos correspondeu ao que aqui acontecia entre essas populações, que de maneira ignorante os europeus decidiram chamar de "índias", devido a sua crença obstinada de que tinham de fato chegado ao litoral do cobiçado território das especiarias, que naquele momento valiam ouro.

Ainda existe muita controvérsia sobre as datas de que precisaríamos falar; trata-se de um campo de estudos que está evoluindo a uma grande velocidade bem diante dos nossos olhos. Durante quase todo o século xx se supôs que o povoamento do continente americano teria acontecido numa única janela cronológica, há pouco mais de 13 mil anos. Mais recentemente, dados da genética das populações ameríndias estabelecem uma janela entre 20 e 16 mil anos, e novas descobertas arqueológicas parecem ter estendido essa data para 30 mil ou até mesmo 40 mil anos atrás, além de ampliar o número e talvez a origem dessas levas de colonizadores. Parte desses questionamentos, inclusive, surge de pesquisas realizadas no Parque Nacional Serra da Capivara, no Piauí, onde, em 1973, equipes lideradas pela arqueóloga brasileira Niède Guidon estiveram entre as primeiras a encontrar marcas da presença humana que contestavam as datações vigentes. É importante ressaltar, contudo, que mesmo essa datação mais antiga da chegada dos hominídeos ao nosso continente ainda caracterizaria a América como o lar mais recente dos seres humanos.

A história da migração desses povos para o litoral oeste da América do Norte você já viu até em desenhos animados. Durante a última era do gelo, com o nível dos oceanos muito mais baixo do que atualmente, em razão do volume de água congelada nas duas calotas polares, surgiu uma ponte, chamada de Beríngia, que passou a unir o extremo leste da atual Rússia, a Sibéria, com o extremo oeste dos atuais Estados Unidos, o Alasca. Provavelmente em busca dos grandes mamíferos que costumavam caçar, grupos humanos começaram a atravessar essa ponte e a se estabelecer no atual território do Alasca. De que maneira esse grupo cresceu e se multiplicou e, principalmente, como, em quanto tempo e por quais caminhos vieram a ocupar todo esse imenso continente são questões ainda mais intensamente debatidas.

Quanto à América do Sul, em específico, houve quem acreditasse, com base em estudos de crânios fossilizados, que a área tivesse recebido ao menos duas grandes levas de colonizadores, talvez até de origens geográficas distintas. Mas a análise genética realizada mais recentemente parece ter jogado um balde de água fria nessa leitura, encontrando apenas uma linhagem de colonizadores, que é a matriz de todas as populações originárias que resistiam na América do Sul quando da chegada dos europeus.

Mas, lembre, 9 mil anos, como vimos no caso da família indo-europeia, ainda é tempo mais do que suficiente para que haja muita modificação, a ponto inclusive de gerar separação de ramos, de famílias linguísticas diferentes. E também se deve contar com o fato de que a densidade populacional da América do Sul foi sempre menor do que a registrada nos mesmos períodos da história da Europa, o que produziu um contexto bem diferente no qual ocorreu todo o processo de evolução, diferenciação e fragmentação.

Ainda há muito que estudar sobre a árvore genealógica das línguas de todo o continente americano. Como na África, a linguística moderna chegou tarde a essa região, e encontrou um cenário marcado pela destruição, pelo desaparecimento não documentado de uma quantidade de idiomas que mal conseguimos avaliar. Mas sabemos, por exemplo, que há muitos idiomas isolados entre as línguas nativas do Brasil: línguas que, como o basco, na Europa, não cabem nas famílias linguísticas que conhecemos — uma marca tanto do tipo de povoamento que se deu nessa região quanto do que já perdemos da narrativa que nos trouxe ao atual estado de coisas. Apesar disso, há uma tendência unívoca de agrupar os demais idiomas brasileiros em algumas famílias, como caribe e aruaque, e dois grandes troncos dominantes: as línguas tupi e as macro-jê.

Os idiomas que se veriam mais diretamente envolvidos no processo de recepção/formação do português que viríamos a falar no Brasil são os do grupo tupi, falados por nações como os Caeté, Potiguara, Tamoio, Tupinambá, Tupiniquim... Esses povos parecem ter iniciado uma migração a partir da Amazônia mais ou menos no início da Era Comum. Por um lado, literalmente, eles se expandiram para o litoral norte, depois rumo ao nordeste e ao sudeste do Brasil; por outro, desceram a região central rumo ao sul do país. Cerca de quinhentos anos antes da chegada de Cabral, teriam deslocado do litoral brasileiro a grande maioria das populações ditas tapuias que estavam estabelecidas no local.

A palavra tapuia é outro exemplo de exônimo: um nome aplicado "de fora". Nesse caso, era o termo que, em tupi, descrevia todos aqueles que não fossem tupis, todos os não falantes de línguas do grupo tupi. E é nessa condição, como "os outros", que os tapuias vão aparecer com frequência na história da colonização brasileira.

A presença mais ou menos uniforme de grupos tupis nas costas do Brasil teria um papel absolutamente fundamental na história linguística do que um dia viria a ser essa imensa nação lusófona na América do Sul. Numa região de vegetação fechada e rala densidade populacional, o litoral era o fio condutor mais vigoroso de contatos e aproximações. E como os povos que habitavam um trecho gigantesco do litoral brasileiro eram relacionados, isso gerava um tipo de uniformidade, de hábitos, tradições e idioma, que possibilitou que os portugueses os considerassem como "um povo", falante de uma mesma língua, uma forma do tupi que, ao que parece, variava pouco entre um grupo e outro. Essa foi a língua cuja gramática, afinal, seria descrita pelos jesuítas europeus não muito tempo depois daquele primeiro contato — a língua que estaria na base de uma das legítimas "línguas brasileiras" que foram desenvolvidas aqui e que, séculos depois da chegada de Caminha, ainda representariam uma direta concorrente para o sucesso do idioma de Portugal em nossas plagas.

Por mais que não se fale assim tão constantemente desse fato, a verdade é que um hipotético apostador que chegasse ao território do Brasil colônia em meados do século XVIII, por exemplo, não teria grandes motivos para botar seu rico dinheirinho na oportunidade de que o português viesse a atingir esse estatuto de língua tão claramente dominante e segura de sua centralidade histórica em todo o nosso território.

Para olhos interessados em antecipar probabilidades futuras, esta terra pareceria propensa a continuar dominada pelas línguas brasílicas.

Gerais

Esta é uma afirmação que já fiz ao analisar a influência do "árabe" no português e que se aplica também ao impacto das línguas originárias.

Apesar de muitas vezes gostarmos de formar listas de palavras para atestar a presença de determinado idioma estrangeiro em nossa vida e em nossa língua, nem sempre esse é o método mais eficiente e mais criterioso. Se formos, por exemplo, enumerar as palavras de origem tupi que nossos dicionários costumam mencionar, vamos perceber, como era de esperar, um número considerável de termos referentes à fauna e à flora locais. Palavras que vieram com as coisas que eram apresentadas à cultura que chegava.

Palavras locais para coisas locais, como *araçá*, *pitanga*, *jacaré*, *jiboia* e *abacaxi*.

Aliás, eu costumo fazer uma pausa em sala de aula quando menciono o abacaxi. Você já viu um abacaxi na natureza?

Ele é o fruto de uma bromeliácea, uma família de plantas típicas da América nunca vistas por um europeu antes dos tais descobrimentos. As bromélias tendem a gerar uma única flor, grande, que se projeta do centro da planta, muitas vezes a alturas prodigiosas. Imagine, portanto, uma única planta de folhas verdes imensas e de cujo centro brota uma flor que, com o tempo, se transforma num abacaxi: uma coisa improvável, de aparência hostil e atraente, enorme, pesada, espinhenta, chamativa como uma joia no meio da vegetação. E além disso a fruta tem o cheiro... ora... o cheiro de um abacaxi maduro, difícil de comparar com qualquer outra coisa. Seu nome tupi, inclusive, significa "fruta cheirosa".

Agora imagine que você é um cidadão da Europa de 1547, acostumado a vegetais como nabos e beterrabas. Alguém para quem a palavra *fruta* (ou *fruita*) designava maçãs, uvas, peras. E imagine que, ao abrir uma picada no meio de uma vegetação densa como você nunca tinha visto, de repente sente aquele cheiro e, seguindo na mesma direção, pouco depois se vê diante de um contraste absurdo. A aparência do fruto lhe diz para manter distância, enquanto seu cheiro obviamente o convida a se aproximar, anunciando o quanto aquilo deve ser delicioso. Eu conheço poucos símbolos mais adequados para o choque que deve ter sido um europeu chegar a este novo mundo de estranhas novidades, abundâncias e maravilhas.

Voltando aos outros abacaxis...

Outro grupo grande de palavras de origem tupi na nossa realidade mais próxima é formado por topônimos. Nomes de acidentes geográficos, localidades, cidades. Eu mesmo moro em Curitiba, cidade que se gaba de sua tradição "europeia", mas que ostenta um nome tupi desde sua fundação. Isso não é nada banal. E ainda vamos retornar a esse fato.

No entanto, as palavras do tupi que realmente penetraram o núcleo mais duro do nosso vocabulário, como *tipoia*, não parecem ser tão numerosas. Por outro lado, como veremos de novo com as línguas africanas, essas palavras que ultrapassaram a barreira do vocabulário cotidiano e que não se referem a coisas locais tendem a nos soar carregadas de afeto. Não são palavras como o próprio vocábulo *afeto* (nem como a palavra *vocábulo*!). São palavras como *guri* (ou *piá*, no meu vocabulário), *pereba*, *jururu*, *pipoca*, *pururuca*, *xará* (como é que os não brasileiros se viram sem a palavra *xará* em seus dicionários?).

Há quem aponte essa coloração afetiva dos termos nativos na nossa língua a nada menos que o papel das mães indígenas na criação de gerações e gerações dos mestiços que foram povoando estes brasis. Essa explicação já é poderosa, e já apontaria para uma base radicalmente nova para a formação da nossa língua. Mas o verdadeiro fato relevante, que denota o impacto da presença das línguas originárias (sobretudo do tupi) na formação linguística do Brasil, como de costume não está aí, e sim na tortuosa, vigorosa e quase desconhecida história das nossas línguas gerais.

Elas não eram línguas crioulas, pois, em vez de usarem o vocabulário do português com uma gramática provinda das línguas locais (ou, como querem outros modelos, uma gramática diretamente calcada em nossos mecanismos internos de aprendizagem de linguagem), eram basicamente uma versão de uma língua tupi, apropriada pelo aparato colonial/catequético europeu e com seu uso incentivado por ele. Por isso mesmo, elas também não eram uma reprodução exata dessas línguas, como as usadas pelas populações nativas. Aqui, como em outros momentos da história de nossa língua, entrou em cena uma versão do mecanismo da aprendizagem imperfeita. Na medida em que os colonizadores portugueses (e depois, por vezes, os escravizados africanos) iam se apropriando dessa língua, à medida que iam convertendo essa língua num instrumento flexível de

comunicação no Novo Mundo, eles passavam a alterar o idioma, como em qualquer situação de aprendizado-
-transmissão. Elas eram, de certa forma, uma língua local que passaria a ter o português como uma espécie de "superestrato": uma língua dos conquistados que saiu vencedora. Nesse momento, portanto, é perfeitamente possível argumentar que o que ia acontecendo era uma inversão da equação tradicional com que se costuma explicar o desenvolvimento linguístico do nosso país.

Ainda que tenham se apropriado dessa língua para os próprios fins, com propósitos de catequização, aprisionamento e colonização, os portugueses de fato estavam empregando uma língua local, sem impor a sua de maneira imediata. Esse desvio, essa forma nova daqueles idiomas originários, com o passar do tempo e das gerações foi se tornando uma espécie de verdadeira língua nativa do Brasil, nisso sim, comparável aos crioulos: afinal, tratava-se de uma língua de certa forma surgida aqui, a partir de um contato de populações que só aconteceu neste local.

Mas, como ficou insinuado antes, não é nem que tenha se desenvolvido aqui uma língua com essas características. Foram ao menos duas (sem mencionar uma terceira, a língua geral de Mina, que surgiria no século XVIII entre populações escravizadas).

Uma delas, derivada do tupiniquim de São Vicente e do litoral paulista, veio a ser conhecida como língua geral do sul, da costa, ou paulista. Ela teve trânsito generalizado no litoral e no "sertão" brasileiro, áreas de influência paulista, até o finalzinho do século XVIII, ou quase trezentos anos depois da chegada dos portugueses. A outra, conhecida posteriormente como nheengatu [língua boa], se desenvolveu a partir de uma variedade do tupinambá paraense, dessa vez na região Norte do país, e se manteve em uso com algum vigor até o século XIX. A bem da verdade, ela continua sendo falada hoje, tendo recebido (em 2002) o estatuto de língua oficial do município de São Gabriel da Cachoeira, que fica no extremo noroeste do Amazonas, na região chamada de Cabeça do Cachorro. Só para você ter uma ideia, São Gabriel é mais ou menos do tamanho da Bulgária (e apenas o *terceiro* maior município deste nosso país colossal!).

E aqui é preciso deixar uma coisa clara: essas duas línguas, durante esse longo período, não foram curiosidades locais, usadas apenas por grupos marginalizados ou escravizados. A partir de uma origem estritamente local, entre uma população que, sim, foi escravizada cedo e muitas vezes exterminada em pouquíssimo tempo, que acabou reduzida às Missões jesuítas ou se recolhendo cada vez mais para o interior na tentativa de escapar da violência dos europeus, essas línguas foram se tornando, no campo e nas nascentes cidades brasileiras, as grandes línguas de uso da população local. Nas áreas de povoamento do Brasil que se definiram antes do ciclo açucareiro e da intensificação do comércio de escravizados africanos, ao longo do rio Amazonas e das terras desbravadas pelos paulistas, elas foram durante séculos as grandes e legítimas "línguas brasileiras", faladas por indígenas, negros, brancos e mestiços.

Algo com grande papel nessa difusão das línguas gerais foi o chamado "estupro colonial", a atordoante quantidade de relacionamentos entre homens brancos e mulheres indígenas, jamais equilibrada por um número equivalente de casais formados de maneira oposta. A expressão *língua materna*, usada para se referir ao idioma que aprendemos quando bebês, e do qual nunca nos separamos completamente, tem afinal uma ligação muito concreta com a realidade.

No mundo do Brasil colônia em que se desenvolveram essas línguas gerais, quem acabava transmitindo seu idioma aos filhos eram as mães, com muita frequência usuárias de uma língua tupi ou dessa versão pretensamente "urbanizada" de um idioma tupi transformado em língua geral. Assim, essas crianças tendiam a crescer como falantes de uma língua brasileira em fazendas ou centros urbanos.

Há uma grande quantidade de registros dos séculos XVI, XVII e XVIII que atestam a prevalência dessas línguas entre os brasileiros: trata-se quase sempre de documentos escritos por reinóis, normalmente em tom lamurioso ou indignado, entristecido com o bárbaro estado de coisas na colônia, onde nem mesmo era fácil encontrar falantes de português. (Não é familiar esse tipo de "nostalgia" pela pureza europeia?) Há relatos que mencionam a necessidade de encontrar clérigos que conhecessem a língua geral, do contrário não haveria penetração real do catolicismo entre a população. E há relatos que deploram a situação de filhos de portugueses "condenados" a essa existência "inferior".

Uma famosa descrição de um bandeirante paulista, Domingos Jorge Velho, afirma que ele "nem falar sabe" e que se fazia acompanhar de um *língua*, um intérprete. Podemos (e provavelmente devemos) imaginar que essa afirmação tinha ainda mais preconceito do que se poderia supor. Há documentos que mostram com clareza que Domingos Jorge Velho falava, sim, o português, o que nos leva a crer que aquele "nem falar sabe" tinha o tom de afirmações do tipo "ele nem sabe falar direito", que continuamos a ver aplicadas hoje a falantes que, apesar de por vezes demonstrarem boas habilidades discursivas, retóricas ou artísticas, se desviam de maneira mais significativa das normas de uso que a sociedade considera corretas. É provável que ele falasse de modo diferente e por isso era tido como alguém que não sabia falar, num mundo em que o desvio não era tolerado com facilidade.

Ainda assim, cabe a constatação de que os tão famosos bandeirantes, desbravadores do nosso território, caçadores e assassinos de indígenas e de negros escravizados (Domingos Jorge Velho foi justamente quem acabou sendo contratado para aniquilar o Quilombo dos Palmares), eram com frequência usuários da língua geral, como bons brasileiros da época. Não fosse por isso, poderíamos até nos perguntar de onde teria surgido a gigantesca prevalência de topônimos tupis naquele sertão desbravado por esses homens que tinham muito pouco respeito e amizade pelos indígenas. Não se tratava, na imensa maioria dos casos, de manter um nome tradicional por qualquer espécie de respeito, mas sim de se atribuir um nome num idioma cotidianamente empregado por eles próprios.

Foi a partir da publicação do Diretório dos Índios, em 1757, que começou um conjunto de ações articuladas pela Coroa portuguesa para tentar coibir o uso das línguas gerais por aqui. O Diretório foi uma iniciativa da Coroa para tentar incorporar os indígenas à sociedade colonial, proibindo sua nudez, transformando seus agrupamentos em vilas reconhecidas oficialmente e criando escolas (que ensinavam o português, é claro).

Elemento importante nesse processo foi a expulsão dos jesuítas, que tiveram um papel central na ampliação do uso das línguas gerais. Para os jesuítas, tratava-se de uma porta de acesso mais fácil ao diálogo com os indígenas: era mais simples ensinar alguns missionários já bem alfabetizados a falar um novo idioma do que ensinar o português (ou o latim) a centenas, milhares de indígenas antes mesmo que pudessem aprender a escrever.

Como gosta de lembrar o linguista Carlos Alberto Faraco, seria ingenuidade supor que uma canetada, mesmo que do todo-poderoso Marquês de Pombal, tenha sido suficiente para eliminar da nossa sociedade o uso de um idioma que lhe era fundamental. Mais do que isso, o Diretório deve ser visto como a culminação de um tempo em que a modernização da colônia, e até mesmo a exploração do ouro das Minas Gerais, vinha, fazia décadas, gerando interesse e ingerência muito maiores da metrópole, que viu por bem reforçar seu domínio sobre nós, um projeto facilmente apoiado pelas elites locais. Com isso, as línguas gerais foram deixando de fazer sentido numa estrutura social diferente daquela em que haviam nascido, como que de baixo para cima, e o português foi se estabelecendo, de cima para baixo, numa sociedade com pretensões maiores de fazer parte do mundo dos europeus.

No Norte, a situação da língua que hoje chamamos de nheengatu tinha similaridades com esse processo, mas também suas singularidades. A demografia da região foi sempre diferente. A presença indígena ali era maior, e seu convívio com os núcleos de povoamento dos europeus foi mais direto, inclusive através da escravização precoce. Vale lembrar também que, no momento em que o Diretório é publicado por Pombal, a administração da colônia é dividida: de um lado temos o Estado do Brasil, sediado no Rio de Janeiro; de outro, o Estado do Grão-Pará e Maranhão. E não era apenas o uso da língua geral paulista ou do nheengatu que separava essas duas macrorregiões brasileiras. Elas tinham realidades econômicas, históricas e políticas diferentes.

Tal configuração fica perfeitamente clara quando ocorre a declaração da Independência, aquela que, quando você estudou (sobretudo se foi à escola nas regiões que correspondem ao antigo Estado do Brasil), deve ter sido apresentada como um momento único em que o Brasil se separa de Portugal. (Apesar de o país não ter decidido se tornar uma república de imediato, como aconteceu praticamente com todos os outros Estados que nasciam na América depois da independência dos Estados Unidos, e apesar de ter colocado no trono ninguém menos que o herdeiro do trono de Portugal.) O fato é que o Estado do Grão-Pará e Maranhão acabou optando por se unir ao "Brasil" independente apenas um ano depois.

É dessa região Norte, inclusive, que procede boa parte daqueles documentos que falavam da necessidade de encontrar vigários que dominassem a língua geral, no caso a dita língua geral amazônica, que hoje conhecemos como nheengatu. É lá que se percebe o esforço mais organizado de impedir, depois das determinações pombalinas, que os indígenas continuassem usando essa língua (sem que houvesse maiores esforços para coibir que brancos e mestiços a usassem, como bem nota Faraco). Na verdade, não fosse o massacre perpetrado pelo governo do Brasil unificado na contenção da revolta conhecida como Cabanagem (1835-1840), que eliminou 40% da população da província, o nheengatu poderia ter se mantido vigoroso século XX adentro. Como as vítimas dessa repressão normalmente eram ribeirinhos desfavorecidos (os tais cabanos), falantes majoritários do nheengatu, e como o repovoamento da região viria a contar com uma imensa migração de nordestinos falantes de português, isso alterou de maneira definitiva o equilíbrio linguístico da Amazônia, terminando por isolar o nheengatu e decretar o fim de seu domínio naquela área.

Na história do Brasil que não foi, cabem inúmeras hipóteses. Poderíamos ter nos desintegrado em vários domínios independentes ou interdependentes; e durante aqueles meses entre 1822 e 1823 passamos perto de constituir dois países. Poderíamos ser uma imensa nação falante de uma língua derivada do tronco tupi, eivada de lusitanismos e distorcida pela aprendizagem imperfeita de falantes portugueses e africanos.

Por outro lado, nunca é demais lembrar que a história dessas "línguas brasileiras" e do que sua perda pode ter representado para a nossa formação ainda é vista nos dias de hoje de maneira diferente por muitos representantes dos povos originários brasileiros. Por terem sido de certo modo formuladas e definitivamente instrumentalizadas pelos jesuítas e pelo aparato colonial, elas são vistas nos relatos deles também como instrumentos de opressão.

É uma poderosa lição de alteridade perceber que mesmo certos movimentos de caráter "revisionista", em que buscamos dar voz a um passado nativo, revalorizar marcas e trajetos que acabaram afogados pela marcha da história branca e europeia, podem partir de preconceitos típicos do Velho Mundo. Eu posso lamentar a perda dessa possível diversidade decorrente do apagamento das nossas línguas gerais, mas, para povos em nada afeitos aos ideais europeus de nacionalidade e uniformidade, a presença dominante dessas línguas divulgadas pelos brancos, por mais que pudessem ter uma origem local, também podia ser considerada um triste apagamento da imensa e verdadeira diversidade original.

Para essa visão, exatamente como a nossa língua portuguesa, essas línguas "brasílicas" eram línguas perigosas. O que nos leva a outra reflexão nada alegre.

Morte

Em 2012, um livro publicado por um excêntrico linguista americano declarava nada menos que a pretensão de mudar toda a concepção dominante a respeito da faculdade humana da linguagem. A teoria que Daniel Everett construía ali provinha do fato de ele ter aprendido um idioma nativo brasileiro, o pirarrã, que na sua opinião simplesmente não se encaixava nos modelos teóricos em voga desde os anos 1960.

Não cabe aqui tomar uma posição nesse debate teórico, mas sem dúvida o pirarrã é realmente uma língua fascinante, que de lá para cá ganhou até a indevida reputação de ser o idioma mais difícil do mundo. E é inclusive por isso que a língua manteve guardados os seus "segredos". Ela era considerada impossível de aprender, e apesar de os mura-pirarrã terem sido contatados (eufemismo normalmente empregado para falar da chegada dos brancos ao mundo de um grupo indígena) ainda no século XIX, ninguém entendia os mistérios desse idioma talvez capaz de alterar o que pensamos sobre a linguagem.

Imagine, agora, que por muito, muito pouco isso simplesmente não aconteceu. A sobrevivência dos pirarrã e de sua língua, como a de qualquer povo originário brasileiro e sua cultura, é uma trágica improbabilidade estatística, política e humana. De acordo com a história oral da família da minha mãe, por exemplo, que veio do Rio Grande do Sul para o Paraná, nós teríamos sangue charrua, um grupo praticamente extinto e falante de uma língua que não chegou a ser registrada.

Segundo o censo de 2010, com dados quase certamente inflacionados, hoje no Brasil fala-se pouco mais de duzentos idiomas originários, sendo que mais da metade deles tem menos de mil falantes, e quase um terço conta com menos de cem. Ou seja, em condições normais, há pouca esperança de que essas línguas sobrevivam por muitas gerações. Os falantes mais velhos vão morrendo e, com frequência, os mais jovens optam por não aprender um idioma que veem como estigmatizado e que parece não lhes oferecer grandes perspectivas de avanço social.

Isso é o que nos resta dos prováveis mais de mil idiomas que eram falados no país quando os portugueses desembarcaram por aqui.

A longa história das línguas gerais, o papel atuante de escritores e ativistas como Davi Kopenawa, Ailton Krenak, Sonia Guajajara e Jerá Guarani, assim como a concessão recente do estatuto de línguas municipais cooficiais para idiomas como o tukano, o baníwa, o ticuna, o tenetehara-guajajara, o guarani-kaiowá, o terena, o caiapó, o macuxi, o wapixana, o nheengatu e o akwê-xerente mostram muito claramente o vigor da presença desses idiomas e dessa cultura em nossa trajetória. Mas nada disso deve, e nem mesmo pode, obscurecer a verdade incontestável do gigantesco glotocídio que vem ocorrendo há séculos em nosso território.

A humanidade vive hoje uma crise ecológica linguística. Estima-se que pelo menos metade dos 7 mil e tantos idiomas em uso no mundo desapareça até o final do século. E essa é a estimativa conservadora. Segundo alguns dados, uma língua pode estar morrendo a cada quinze dias no mundo, e para vários especialistas o Brasil é um dos lugares em situação mais precária para o risco de extinção de idiomas.

Pensando nas línguas como ferramentas, isso não precisa ser um problema. Se um idioma deixa de ser falado, é porque não é mais útil para seus usuários. Mas essa noção tem dois problemas. Um deles, historicamente mais válido, é que a extinção dos idiomas muitas vezes se dá não por perda de interesse e de validade social, mas pela pura e simples eliminação completa de seus falantes por causa de doenças, de miséria e exclusão econômica, e mesmo de chacinas. É daí que vem mais diretamente a noção de glotocídio, o extermínio ativo da variedade linguística.

O outro problema vem do fato de que não precisamos pensar nas línguas exclusivamente como ferramentas. Podemos, e devemos, pensar nelas como patrimônios, como repositórios culturais, como marcadores de identidade e pertencimento, como riqueza por si sós. E, se tal argumento não for suficiente para nos convencer de que é necessário preservar tamanha diversidade, ao menos vale pensar como aquelas pessoas que tentam convencer o capital internacional da necessidade de preservar a Amazônia lembrando a quantidade de novos remédios que podem estar ali, esperando ser descobertos. Seria conservacionismo movido por interesse, vá lá, mas ainda assim conservacionismo.

Se você tem curiosidade pela história e pelo funcionamento da linguagem e dos nossos idiomas, por tudo que eles possam ter a nos revelar de uma parcela central da experiência humana, imagine quantos idiomas tão curiosos quanto o pirarrã e desconhecidos de nós pode haver no mundo, prestes a desaparecer sem deixar vestígios. Pense quantos deles podem estar neste momento sendo usados por indígenas "não contatados", que ainda circulam por nossas florestas sem saber ao certo o que aconteceu aqui nos últimos quinhentos anos. Sem nem poder avaliar ao certo quanto o mundo em que vivem vem sendo sistematicamente aniquilado.

Áfricas

Aquela narrativa-padrão segundo a qual não houve tensões e conflitos em nossa formação linguística, que dizia que o português se instalou no Brasil e foi apenas "influenciado" pelas línguas dos povos originários e escravizados (ou, como ouvi na escola, de índios e escravos), já se provou inadequada para descrever o tamanho do impacto que tiveram na trajetória do nosso país as línguas que existiam aqui quando se deu o desembarque dos marinheiros da esquadra de Cabral.

A mesma coisa, você já deve estar imaginando, se aplica ao estudo das alterações geradas em nosso idioma pela presença dos africanos escravizados desde os primeiros momentos da colonização real do território, e de modo bem mais acentuado a partir do estabelecimento de ciclos econômicos como o do açúcar e o do café, que dependiam da exploração cada vez mais intensiva de números crescentes de escravizados. Não é à toa que, descontada a fortuna singular do nheengatu, cujo destino ia se desenrolando numa área que estava (e, em certa medida, ainda está) "isolada" do Brasil litorâneo e mais densamente povoado, o fim do período de ouro da língua geral paulista coincida com o início desse novo modelo econômico.

Num movimento que partia fundamentalmente do Nordeste açucareiro (onde as línguas gerais nunca tiveram a mesma prevalência), o Brasil de brancos e indígenas seria substituído por um Brasil cada vez mais negro. E de maneira curiosa, e até irônica, como veremos, quando se pensa nas tentativas conscientes de embranquecer a população brasileira a partir de meados do século XIX, a fim de garantir a manutenção de um modelo europeu, talvez o fator determinante para a vitória do português em terras brasileiras tenha sido a dispersão dessa mão de obra negra por seu território.

Durante muito tempo se considerou que o principal entrave para uma investigação mais séria da relação entre nosso idioma e as línguas africanas que vieram para o Brasil estava no fato de que sabíamos pouco sobre essas línguas: tanto sobre suas características formais específicas quanto sobre sua real distribuição em nosso país.

De um lado, é preciso lembrar que a linguística demorou a voltar os olhos para a descrição e a sistematização da diversidade linguística do continente africano; de outro, sofríamos com a parca documentação referente ao transporte dessas pessoas para nossos portos e à distribuição delas como mercadoria (sabe-se, porém, que era prática recorrente misturar escravizados de origens e culturas diferentes para dificultar sua comunicação nas senzalas e nas cidades e diminuir seu potencial de organização e rebelião). Ou seja, pouco conhecíamos da realidade linguística da África e nem sequer sabíamos ao certo quais idiomas foram trazidos ao Brasil e como se distribuíram aqui.

Havia certa preguiça escondida por trás dessas afirmações, é verdade, mas é preciso reconhecer que, ao menos em tempos recentes, a evolução dos estudos nos dois campos tem sido aceleradíssima.

Agora sabemos muito mais.

A pretensa árvore genealógica das línguas africanas não é, ainda hoje, e talvez nunca venha a ser, tão clara quanto a que temos para os idiomas europeus. De um lado porque, como já vimos, os estudos nesse campo começaram quase duzentos anos após termos tomado a iniciativa de pesquisar as línguas indo-europeias, tempo mais do que suficiente para que muitos idiomas tenham sido extintos. Por outro lado, existe a possibilidade de que nossa ideia de organização das línguas em troncos, famílias, ramos talvez simplesmente não possa jamais se encaixar com a mesma perfeição à realidade histórica da África (ou mesmo da Amazônia).

Trata-se de uma alteração conceitual que de certa forma equivale à transformação que a arqueologia amazônica está determinando em nossas noções sobre a presença da agricultura na América pré-colombiana. Não por causa da descoberta de antigas lavouras de cereais, mas por estarmos revendo nossa própria ideia do que é agricultura. Isso se dá conforme aprendemos que a relação dos povos brasileiros com a floresta, por exemplo, moldava, sim, esse bioma, originando uma espécie de fazenda natural, e isso de maneira muito mais integrada, bem menos invasiva e, acima de tudo, muitíssimo mais adequada ao ambiente em que viviam.

Às vezes não se trata de usar os aparelhos que temos para enxergar mais longe, e sim de perceber que é preciso trocar de aparelhos para ver o que já estava diante dos nossos olhos.

O que certamente dificultou à linguística do século XX lidar com o mapa das famílias de línguas da África é o fato de ter havido no continente, ao que tudo indica, uma prevalência bem maior de relações "transversais" entre idiomas, ou seja, situações em que línguas geneticamente não relacionadas, mas que convivem ou passam a conviver num mesmo ambiente, acabam trocando características gramaticais. Não apenas palavras — como vimos, elas são mercadoria barata —, mas traços estruturais do idioma.

Um exemplo frequentemente citado são os cliques, aqueles estalidos produzidos com o ar entrando na boca, e não saindo, como no caso de todos os outros sons que utilizamos; entre os idiomas que sobrevivem no mundo, apenas os ditos coissãs, do sul da África, utilizam esses estalidos. E, para começo de conversa, hoje sabemos que essas línguas nem mesmo são de uma única família.

Mais interessante ainda é que línguas vizinhas aos idiomas coi e sã, com origens ainda mais afastadas, acabaram importando os cliques para seus inventários fonológicos. É o caso do xhosa, língua do grupo banto falada na África do Sul, e talvez mais conhecida por ser a língua de Nelson Mandela, na qual aquele *xh* caracteriza mais ou menos o som *tsc tsc* que no Brasil usamos para manifestar pouco-caso. Ou seja, um *muxoxo*, palavra que não por acaso tem origem numa língua africana, o quimbundo.

A linguística europeia conhece esse fenômeno da troca de traços gramaticais e estruturais entre idiomas vizinhos: tais grupos são tradicionalmente chamados de *Sprachbünde*, algo como *federações de línguas*. Há bastante tempo essa ideia já é usada para explicar, por exemplo, a estranha convergência de características gramaticais entre línguas geograficamente próximas mas geneticamente distantes, como ocorre entre o romeno, o albanês e o búlgaro. No entanto, tudo indica que essa convergência por proximidade pode ter sido mais frequente e mais impactante na história das línguas da África.

Mesmo com essas ressalvas necessárias, pode-se dizer que o conhecimento da filiação e da inter-relação dos grandes grupos linguísticos africanos vem evoluindo muito. Hoje sabemos com clareza que os africanos que vieram para o Brasil eram em sua maioria falantes de línguas bantas (o quicongo, o quimbundo e o umbundo), além de idiomas dos grupos gbe (como o fon e o ewe) e níger-congo (como o iorubá). E que eram oriundos em sua maioria da fatia ocidental do continente, sobretudo de uma região que começava no antigo reino do Benin e cobria todo o Golfo da Guiné, incluindo o atual litoral de Angola, então maior colônia portuguesa no continente. Dali se originou a maioria dos escravizados trazidos para o Brasil.

Outros grupos também estariam representados, mas os mencionados acima foram os mais numerosos a aportar em nosso território. Também recebemos africanos que aqui chegavam falando e escrevendo árabe, devido à islamização de sua terra natal, como no caso dos ditos *malês*, que, apesar de todas as tentativas de se impedir sua comunicação, conseguiram organizar uma revolta na Bahia em 1835.

As informações sobre quem e quantos foram os escravizados trazidos ao Brasil também têm ficado cada vez mais completas, e ferramentas como o banco de dados *Slave Voyages*, disponível na internet, têm feito muito para ampliar o acesso a essa história.

Durante os mais de dois séculos em que Portugal alimentou o mundo de açúcar e outros produtos que dependiam de muita mão de obra, cerca de 5,5 milhões de africanos foram capturados e comprados do outro lado do Atlântico, forçados a embarcar em navios negreiros e trazidos para o Brasil como escravizados. Como era uma viagem absurdamente dura e com frequência os capitães recebiam incentivos financeiros para se livrar de doentes e moribundos ainda em pleno mar (eram descritos como "perdas" devidas à viagem), o número de escravizados que de fato aportou aqui pode ter ficado, segundo estimativas mais recentes, abaixo de 5 milhões.

Centenas de milhares de pessoas foram arrancadas da África para morrer no mar antes mesmo de chegarem aqui, onde, tipicamente, morreriam em menos de vinte anos. Isso se viessem jovens e saudáveis...

Vale lembrar que a população do Brasil inteiro em 1872, quando se realizou nosso primeiro censo, não chegava a 10 milhões de habitantes: desses, cerca de 20% (quase 2 milhões) seriam negros e pouco mais de 38% (3,8 milhões) seriam "pardos" (além de 38% de "brancos" e 4% de "caboclos"). Nessa época o tráfico de escravos já tinha se encerrado, e talvez pudéssemos, e até mesmo devêssemos, esperar que aqueles 5 milhões de indivíduos, miscigenados ou não, tivessem gerado um contingente maior de sobreviventes na população. Porém é preciso considerar que o crescimento vegetativo da população africana escravizada no Brasil parece ter sido sempre negativo.

O tráfico de escravizados era, em grande medida, uma operação de reposição de gente morta devido às condições de exploração em que essas pessoas viviam. Uma gente que ergueu este país e moldou profundamente a língua em que eu estou escrevendo, em que nós estamos conversando.

Já mencionamos aqui que os traficantes, e depois os compradores de escravizados no Brasil, preferiam separar os grupos étnicos, culturais, linguísticos e, inclusive, familiares. De saída, isso tinha o objetivo de diminuir o impacto dessas culturas e línguas no cenário brasileiro. No entanto, é igualmente possível supor que essa ruptura sistemática imposta à comunicação dos escravizados possa ter, na verdade, ampliado seu impacto na nossa língua de todo dia.

Novamente, precisamos talvez trocar de aparelho, mudar de perspectiva.

Uma alteração importante nesse nosso ponto de vista é a noção de que alguns escravizados podem já ter chegado ao Brasil com graus variados de conhecimento da língua portuguesa. Primeiro, porque a presença do idioma em Angola ia se estabelecendo como uma realidade. Segundo, pelo fato de que as pessoas capturadas em regiões no interior com frequência acabavam passando longos períodos presas nos entrepostos do litoral. Nessas feitorias, onde havia africanos lusitanizados e portugueses, é possível que a língua estivesse se instalando como instrumento de contato entre falantes de idiomas diferentes. Antes de aportarem no Rio de Janeiro ou em Salvador, essas pessoas faziam viagens transatlânticas que, a depender dos pontos de partida e de chegada, podiam se estender por cerca de três meses, de novo num ambiente multilíngue cuja única constante era o português. Um ambiente onde devia ser ainda mais comum a presença dos *línguas*, intérpretes que mediavam a pouca comunicação entre tripulação e "mercadoria".

Desse modo, essas pessoas iriam, aos poucos, se somar ao contingente que se diferenciava daquele dos *negros boçais*, incapazes de se expressar em português.

E que expressão essa preconceituosa sociedade escravista usava para se referir a esses africanos que falavam português? *Negros ladinos*.

Numa curiosa e tortuosa reviravolta da nossa história, aplica-se a eles um adjetivo que, apesar de ter migrado de sentido mais de uma vez, se origina nada menos que na nossa velha e conhecida palavra *latinus*. E um adjetivo que, além de tudo, ao acabar se revestindo mais tarde de traços negativos (ser *ladino* hoje é ser um tipo de *esperto* que gera desconfiança), remove mais uma camada de esmalte do nosso sempre visível preconceito racial.

O fato de que esse processo de separação linguística pode ter sido baldado pela lusitanização precoce dos escravizados implicaria uma grande alteração de perspectiva; mas é preciso reconhecer que esse fenômeno teria sido responsável por uma porcentagem muito pequena de negros africanos que dominavam o português.

Outra alteração que é preciso realizar na maneira como lidamos com a "influência" das línguas africanas no nosso português, porém, tem impacto bem maior.

Pretoguês

Se retornamos à imagem do português que é influenciado por línguas africanas, de alguma maneira pensamos na coexistência, ao longo do tempo, de duas realidades algo isoladas, estáveis e autossuficientes, com uma superfície de contato suficiente para que uma possa alterar levemente a outra. Dois sólidos que se tocam. Ou, voltando à minha velha imagem do marco de pedra deixado pelos portugueses em nosso litoral, um sólido que se deixa afagar de leve por brisas de outras paragens.

Mas essa interpretação do processo deixa de lado algo que já vimos ser fundamental mesmo na história europeia do nosso idioma. Não se trata apenas de contato, mas de situações em que uma população se encontra linguisticamente em posição subalterna (ainda que, em termos políticos, seja vencedora em dado momento, como os povos germânicos que adotaram o latim ibérico) e precisa aprender o idioma do outro grupo, submetendo-o, nesse processo, a uma espécie de destilação, das quais suas formas sairão profundamente alteradas.

O que estamos descrevendo aqui não é contato superficial. É absorção. Ou, na palavra preferida da professora Yeda Pessoa de Castro, "interferência".

Outra coisa que fica de fora desse modelo simplificado é a possibilidade de que as populações africanas que chegaram aqui, vindas de contextos marcadamente multilíngues (ainda hoje a África abriga cerca de um terço de toda a diversidade linguística mundial) e, como vimos, singularizados também por formas horizontais de contato e de influência linguística, teriam uma maneira diferente de lidar com a questão da diversidade. Talvez uma noção maior de interpenetrabilidade e multilinguismo tenha chegado aqui com os negros africanos, similar à dos autores indígenas que lamentam a imposição da unidade das línguas gerais: uma visão menos tipicamente europeia.

O curioso é pensar que essa postura, ao se manifestar como adoção precoce de um português matizado por eles, possa ter redundado justamente na estabilidade do domínio dessa língua em nossa terra.

Ou seja, se pensarmos nas línguas africanas, especialmente nas línguas bantas, como uma espécie de superestrato, de camada linguística que absorve e transforma a língua dominante do espaço em que se instala, e não como mero ingrediente do nosso cozido antropofágico, começamos a ver possibilidades muito maiores de entender como elas podem ter agido sobre a nossa língua. E, para isso, pode ter sido até um facilitador o fato de que a grande variedade de idiomas de grupos linguísticos diferentes que chegaram aqui tenha sido intencionalmente diluída, dando origem a uma população que era um mosaico de peças inter-relacionadas (as línguas bantas que vieram para cá são razoavelmente próximas entre si), mas não idênticas. Se grande parte do objetivo dos colonizadores, dos traficantes, dos capitães do mato e dos compradores de gente era desumanizar aquelas pessoas, desconsiderar suas singularidades e tratá-las como massa única de exploração, esse tiro, cultural e linguisticamente, pode ter saído pela culatra. Esse grande coletivo africano, diverso e a princípio desarticulado, pode ter sido capaz de agir de modo unificado no processo de absorção e mudança do português, de uma maneira que talvez não tivesse sido possibilitada caso as "bolhas" de um ou outro idioma africano tivessem mantido intocadas as vias de comunicação apenas entre os escravizados da mesmíssima origem, do mesmíssimo idioma.

Eles não tinham opção. Precisavam aprender o português. E a partir daí talvez o nosso português também não tenha tido opção: teve que ser completamente alterado por essa nova massa de falantes.

Mas nem mesmo essa suposta homogeneização devida ao aprendizado necessário do português como meio de contato entre os escravizados e, também, entre eles e o restante da estrutura social conseguiu apagar de todo uma divisão étnica, cultural e linguística que ainda se percebe, hoje, entre o legado deixado pelos povos africanos no Sudeste do país e no Nordeste (sobretudo na Bahia), e isso em razão do afluxo mais considerável de grupos vindos da dita Costa dos Escravos e desembarcados em Salvador.

O grupo que ficou mais caracteristicamente no Nordeste tinha uma presença mais marcante de falantes de iorubá, negros que na época (e de certo modo até hoje) foram reconhecidos como nagôs. É de lá que provém muito do que identificamos com a cultura afro-brasileira da Bahia, na música, na culinária e na religião. Essa profunda marca cultural (sublinhada pela fortíssima presença desses escravizados na demografia da região) deixou, é claro, registros no vocabulário dessas áreas, com palavras como *orixá*, *axé*, *vatapá*, e, de modo geral, nas *línguas de santo*.

Por outro lado, o grupo que mesmo no Nordeste parece ter sido mais numeroso e que se tornou hegemônico no Sudeste tinha maior percentual de falantes de línguas bantas, especialmente o quimbundo. Esse grupo parece ter tido um papel mais destacado nos processos que ainda vamos descrever, caracterizados não pela manutenção tão marcada de traços e sistemas culturais, mas por uma maior integração e difusão de características. Mesmo palavras que herdamos dessas línguas não pertencem tanto a um vocabulário diretamente ligado a "coisas" trazidas da África; em outras situações, elas se adaptaram e ganharam sentidos novos aqui.

Pense nas palavras *quitanda* e *carimbo*. Elas provêm do quimbundo e, apesar de terem sentidos muito neutros, singelos em nosso uso cotidiano, têm uma história dolorosamente ligada ao tráfico de gente africana, pois na origem se referiam, respectivamente, aos locais onde os escravizados eram vendidos na África e ao sinete de ferro quente com o qual eram marcados na própria carne.

Outras palavras bantas também parecem, como vimos em certos vocábulos de origem tupi, ter uma ligação afetiva muito direta com a nossa língua. É certamente o caso de *caçula* e *cafuné*, que, mais do que carregarem afeto, estão bastante associadas à infância.

Isso pode servir de transição para a ideia mais importante a explorar aqui, e que vem sendo cada vez mais entendida como uma poderosa leitura para explicar a dimensão real da participação dos falantes africanos no desenvolvimento desse nosso "latim em pó": a noção de "aprendizagem imperfeita". Ela costuma entrar em cena na história das línguas toda vez que um contingente muito grande de adultos precisa aprender um idioma novo em circunstâncias, digamos, pouco favoráveis. Já falamos dela aqui. O que vem sendo aventado por mais e mais pesquisadores é que teriam sido justamente os falantes africanos em terras brasileiras os responsáveis pela formação e difusão do português brasileiro no que ele realmente tem de seu.

E sejamos diretos: a transmissão, a aquisição e a aprendizagem de um idioma são sempre "imperfeitas", na medida em que cada geração, e mesmo cada indivíduo, desenvolve uma versão sempre ligeiramente alterada da língua que era falada antes. Mas é claro que, quando um contingente imenso de gente precisa se virar com um idioma novo, tal situação é marcada de modo mais intenso por essas alterações surgidas durante o processo de aprendizado.

Não custa lembrar que, por mais que não tenha havido um censo oficial antes daquele realizado em 1872, os dados que conseguimos levantar até aqui a respeito da demografia brasileira mostram um padrão inquestionável: nunca fomos um país de brancos. Entretanto, se não é absurdo supor que um grupo majoritário da população tem grande probabilidade de influenciar mais o futuro do idioma do que um grupo minoritário, o que acontece quando esse grupo majoritário é composto de falantes que apenas aprenderão o idioma quando adultos, e em uma situação mais do que adversa?

Em certas regiões e em certos momentos, como no ápice do período da extração de ouro em Minas Gerais, a participação do elemento africano na sociedade local pode ter sido maior que 70%. Assim, se vamos considerar proporções e probabilidades, a ideia de que o contingente numericamente dominante de africanos, indígenas e mestiços é que vai dar o tom da língua que se instalará em nosso país não só parece muito mais sedutora do que aquele estranho modelo de um caldeirão português recebendo pitadas disso e daquilo, como ainda se mantém estável e inquestionável.

Outro dado relevante, iluminado também por estudos recentes, é a constatação de que a maior mobilidade de pessoas dentro do Brasil, em todo o período colonial, também foi de escravizados. À medida que os ciclos econômicos se sucediam e o capital migrava para pontos diferentes do território, o grande movimento de pessoas foi o da massa de trabalhadores escravizados, e não da meia dúzia de senhores donos de bens, animais e pessoas. Isso ficou mais evidente quando o tráfico de negros africanos foi primeiro proibido "para inglês ver", em 1831, e depois, de maneira mais efetiva, em 1850, o que gerou um gigantesco movimento de escravizados do Nordeste açucareiro para o Sudeste cafeeiro, assim como para o Centro-Oeste. Esse processo também foi acompanhado do que se chamou de uma ladinização dos escravizados, cada vez mais nascidos aqui e falantes de português.

Assim, é de novo sedutora a possibilidade de que aquela estranha (ainda que relativizável) homogeneidade do português falado no Brasil se deva a esse movimento constante de massas de escravizados, de negros, indígenas e pardos, que levavam de uma região a outra a versão que tinham absorvido e modificado daquele tal "pretoguês", segundo a linguagem do preconceito racial e linguístico do Brasil colônia, muito antes da reapropriação do termo por Lélia Gonzales, por exemplo. Assim, teriam sido eles os principais responsáveis por fazer com que as várias partes do território tivessem contato umas com as outras e fossem, elas também, homogeneizando seus usos.

Isso aponta para um cenário em que o Brasil linguístico que vigorou até meados do século XVIII, no qual as línguas gerais ocupavam um espaço definitivo e se difundiam rumo ao sertão a partir de dois grandes núcleos,

Amazônia e entorno de São Paulo, acabou sendo substituído por um espraiamento do português vinculado diretamente ao Nordeste, à lavoura que se servia da mão de obra escrava, aos negros africanos. Nessa situação, fica nítido que eles teriam sido a linha de frente da real lusitanização do território, ao mesmo tempo que iam transformando a língua aprendida numa coisa efetivamente nova, depois levada para outros pontos do país à medida que os ciclos econômicos se sucediam, cada um com seu centro num ponto diferente do território.

Se é para pensarmos no português brasileiro como algo que se encontra num caldeirão, é preciso reconhecer quanto o conteúdo desse caldeirão teve que ser mexido e remexido para produzir a nossa atual paisagem linguística. E é preciso reconhecer também que os primeiros e mais importantes desses movimentos foram determinados pela grande massa de falantes africanos que iam carregando e modificando essa língua durante todo o processo. Refundado e recaracterizado por eles.

Apesar das adversidades, foi a língua falada por negros e mestiços que dominou o Brasil. Somos um país que fala português como fruto direto da presença negra.

Talvez caiba deixar de lado por um momento a bela ideia da "última flor do Lácio". O português brasileiro foi um broto africano, flor de Luanda.

Abismo

No mundo da tradução literária do inglês para o português, não é raro que acabe surgindo o problema do *Black English* [inglês negro], ou *African-American Vernacular* [vernáculo afro-americano]. Como qualquer marca *sub-standard*, ela apresenta problemas específicos de tradução.

Sotaques regionais, por exemplo, sempre geram impasses na tradução.

Mas o *Black English* está longe de ser um mero sotaque nos Estados Unidos. Ele é nacional, transgeracional, presente e reconhecível como tal por uma imensa fatia da população. Dessa forma, pode ser empregado de maneira hábil por escritores, fornecendo dados de cunho étnico e cultural sobre um personagem que nem precisa ter sido descrito. Bastam duas frases e, sem maiores estardalhaços, pode-se marcar alguém como falante de *Black English*.

O ideal, em tradução, seria poder reproduzir esse

efeito. Mas invariavelmente topamos com essa impossibilidade. Não há no português brasileiro formas especificamente negras de uso linguístico, a não ser que pensemos em marcas que se restrinjam à utilização de um vocabulário específico. Já o *Black English* tem toda uma gramática apenas sua. Apesar do uso real e pejorativo da expressão *pretoguês* no período colonial, tudo indica não haver sobrado, em nosso panorama linguístico mais amplo, um dialeto ou um jargão especificamente negros. A tradutora ou o tradutor que estiver diante de uma cena em que um personagem "se entrega" como negro com duas frases não tem muito a que recorrer no português brasileiro, sem correr o risco de produzir uma grotesca caricatura.

Mas aqui, como em vários outros momentos desse nosso passeio, para suplantar essa aparente impossibilidade, talvez ela só precise ser vista com outras lentes.

Se a professora Yeda Pessoa de Castro tem razão (e ela costuma ter), podemos atribuir a essa interferência das línguas bantas muito mais do que os processos de "simplificação" tradicionalmente atribuídos aos casos de aprendizagem imperfeita. Um desses processos no português brasileiro popular, fora da norma culta, é a tendência de enxugamento ainda maior das regras de concordância nominal e verbal, que já vinham sendo alteradas desde o tempo do latim clássico. É o tipo de caso em que vemos surgir uma frase como "Os menino caiu", em que a marca do plural fica apenas no artigo *os*, com o substantivo e o verbo no singular. Diga-se de passagem, só para eliminar qualquer sombra da ideia de que essa construção é intrinsecamente "inferior", que o inglês-padrão, dito correto, também é caracterizado por processos dessa natureza; pense numa frase como *The boys fell*, onde só há marca de plural em um dos elementos.

Mas uma única característica de um idioma como o quimbundo, por exemplo, poderia explicar várias outras marcas da pronúncia brasileira.

Trata-se do fato de que (como o japonês, e também o tupi) as línguas bantas tendem a aceitar apenas sílabas compostas de uma consoante seguida de uma vogal. Nada de encontros consonantais, nada de sílabas que se fechem com outra consoante. É uma linha de pesquisa interessante averiguar quanto isso pode ter determinado, por exemplo, nossa preservação mais plena do vocalismo latino (que é mastigado pelos portugueses), a inserção de vogais para desfazer certos encontros consonantais (como em *rítimo*, *téquinico*), o apagamento do *r* dos infinitivos (*catá*, *fazê*, *medi*) e mesmo nossa dificuldade em lidar com palavras que apresentam dois encontros consonantais seguidos (*própio*, *poblema*, *dible*). Assim, estaríamos, talvez, diante de um quadro que mal pode ser tratado como simples influência: ele indicaria que nosso português parece ter sido estruturalmente alterado por esses falantes de línguas africanas.

Talvez não vejamos nosso "português negro" não porque ele não esteja aqui, mas por estarmos o tempo todo imersos nele. No Brasil, o pretoguês é, num sentido muito importante, o único português real.

Veja se este outro exemplo derivado da prática da tradução literária não soa convincente. É um exercício mental que costumo propor em sala de aula. Suponha que você esteja traduzindo um romance e que de repente alguém nele diga *I love her*. Trata-se de uma frase muito simples, possivelmente compreendida até por quem tenha apenas um conhecimento parcial da língua inglesa. No entanto, ela pode representar um obstáculo quase intransponível para uma tradução que pretenda ser levada a sério e ao mesmo tempo manter-se fiel à naturalidade do texto.

I love her é uma frase gramaticalmente correta de qualquer ponto de vista e também contextualmente, "realisticamente" correta. Ou seja, uma pessoa usuária da língua inglesa de fato pode dizer essa frase numa situação real de fala, seja num contexto coloquial ou formal, de falantes ricos ou pobres, negros ou brancos, nativos ou estrangeiros. E esse é exatamente o problema de uma eventual tradução brasileira.

Eu a amo é uma frase que praticamente falante algum, ao menos num contexto cotidiano, diria de verdade no Brasil. *Eu amo ela*, por outro lado, é uma frase corriqueira, mas cuja construção é mais do que estigmatizada pela gramática normativa; uma forma de que (provavelmente de maneira equivocada) nos envergonhamos. Aqui, como em muitos outros casos, tanto quem traduz como quem fala se veem na situação da antiga piada em que a pessoa, não sabendo como escrever *sessenta*, decide passar dois cheques de trinta. Na vida real, o problema acaba sendo contornado com construções como "Eu amo a Sandra", que não ofendem nem os ouvidos nem o repressivo professor de gramática que a escola por vezes consegue implantar para sempre na parte mais primitiva do nosso cérebro.

Os grandes idiomas de cultura do mundo atual vivem, todos, versões desse dilema. A variação diastrática das línguas, a que se dá segundo os "níveis" sociais, é uma realidade de que ninguém consegue fugir e com a qual os falantes realmente competentes sempre aprendem a lidar. A ideia de que é errado usar numa conferência ou numa reunião de trabalho a mesma língua que você usa quando está de pijama conversando com sua filha pequena é o espelho da outra, tão importante quanto ela: usar a língua engravatada com a filha em casa é um erro da mesma dimensão.

Descontada a noção estreita de que existe apenas uma maneira certa de usar o idioma (aquilo que Carlos Alberto Faraco chama não de norma culta, mas de norma *curta*, em função de tudo que ela escolhe ignorar), toda língua vive com essa diversidade. Para nossos fins, podemos dizer que ela se divide sobretudo em uma variedade *alta*, literária, formal, e uma variedade *baixa*, informal, familiar, caseira, da rua. Várias sociedades no mundo, inclusive, usam dois idiomas, cada um numa posição, situação que não é rara, também, entre famílias de migrantes. Algumas línguas (como as austronésias: o javanês, o malgaxe, o tagalo...) se organizam integralmente em registros diferentes, quase como se houvesse vários idiomas dentro de um só, um para cada nível de formalidade. Porém mesmo em modelos monolíngues a tensão continua existindo. Sempre existirá.

O problema específico do Brasil talvez seja o fato de nossas variantes *alta* e *baixa* terem aparentemente surgido de um processo diferente daquele mais típico. Se o comum é ocorrer um processo de seleção (elitista, de cartas marcadas), em que uma das diversas variedades do idioma é escolhida como forma padrão, gerando a partir daí a noção de erro para tudo que seja diferente dela, aqui vivemos com uma diversidade estabelecida entre variedades que, para todos os efeitos, tiveram trajetórias de formação completamente diferentes. Irmãs separadas no berçário, por assim dizer.

Enquanto uma pequena elite branca historicamente manteve laços estreitos com Portugal, enviando seus filhos para se formar na Universidade de Coimbra e fazendo o possível para se manter o mais portuguesa possível em terras tropicais, o português brasileiro "real" foi se formando lentamente através daquelas sucessivas experiências de aprendizagem imperfeita que lhe deram feições bem diferentes. Vem disso, por exemplo, o incrível complexo de vira-latas que por séculos martelou em nossa cabeça, afirmando que não sabíamos falar nossa própria língua direito. Uma ideia que ainda continua arraigada para muita gente, sem espaço para questionamentos.

É lógico que falamos nosso idioma perfeitamente bem. Como todo e qualquer povo em contato com sua língua nativa. O que acontece é que, ao falar ou escrever, montamos nossas frases de maneira diferente da dos portugueses, e muita gente insistiu durante tempo demais que apenas eles, na Europa, tinham o poder de definir o que era bom, justo e correto, e que qualquer desvio daquele padrão seria erro, incompetência, ignorância.

Para dizer então de uma vez: a norma escolar (a tal norma "culta") é uma variedade específica do nosso idioma. Ela existe e tem finalidades específicas, para as quais é insubstituível, exatamente como acontece na França, na Nicarágua ou em Mianmar. E é ótimo dominar bem essa variedade. Ela abre muitas portas.

Muitas.

Mas ela não é intrinsecamente melhor que a nossa língua da rua, do sofá. Assim como um terno não é intrinsecamente melhor que uma bermuda e uma camiseta. O terno pode ser mais caro, pode ser mais sofisticado, mas nem sempre é a melhor escolha — nem em termos de adequação nem (muito menos) em termos de correção.

Mas peralá ("ora, direis"): a pessoa que diz "as coisa" e "eles vai" está só demonstrando tosquice!

Será mesmo?

Pois vá dizer isso aos falantes de francês, idioma que há séculos segue essa mesmíssima direção (por mais que às vezes a escrita, conservadora, disfarce essa realidade) e nem por isso deixou de ser tido por nobre e elegante. Vá dizer isso aos falantes de dinamarquês ou de mandarim, que vivem perfeitamente bem falando idiomas que (mesmo nas suas variedades *altas*) simplesmente não têm problemas com construções como essas. Se o exemplo do francês (tão latino quanto o português) não bastou e você ainda pensa que isso é coisa de outras línguas, não da nossa nobre flor do Lácio, faça o exercício mental de tentar explicar ao nosso amigo Marco Túlio Cícero o verdadeiro caos que a língua de Camões já tinha instaurado no complexo sistema verbal e de concordância nominal do latim, coisa que, para ele, seria marca dos *rustici*, de gente caipira.

Quem fala "as coisa" (como eu faço quando estou em casa) dá voz a um processo de simplificação morfológica que já tinha bases no português em formação antes do Renascimento, e que foi revigorado de maneira muito direta no Brasil pela influência sobretudo dos falantes de línguas do grupo tupi, no qual os substantivos não se diferenciam entre formas de singular e de plural, e das línguas bantas, que compõem seu plural com a troca de prefixos (*muntu* quer dizer "pessoa" e *bantu* significa "pessoas"), o que pode ter reforçado nossa tendência de marcar a pluralização apenas na parte da frente da construção.

Temporalmente, é uma verdade constante que todo padrão de hoje foi o erro de ontem. Espacialmente, é uma verdade constante que o padrão daqui é o erro dali. Socialmente, é uma verdade constante que o padrão alto e o padrão baixo se equivalem em termos de validade. E, como os linguistas nunca cansam de apontar, isso nem mesmo quer dizer que os falantes das variedades populares não dominem a gramática de sua língua. Gramática, no sentido duro, importante, é o conjunto de regras que regem o funcionamento coerente de uma variedade linguística. Essas regras são dominadas mais do que adequadamente por todos os falantes. A Gramática (no caso, aquele livro que se usa na escola) explica apenas como funciona uma dessas variedades (a norma culta). Não é a receita da única forma correta de nos expressar na nossa língua.

Do mesmo modo que um dicionário não é o documento que concede existência real às palavras, e sim um livro que está sempre correndo atrás de registrar o que acontece em alta velocidade no mundo real, a Gramática é uma tentativa temporária de descrever as características da norma literária, de prestígio.

Questões como essas aparecem em todos os idiomas usados por sociedades urbanas complexas: acusações de erro e de ilegitimidade são tentativas de caracterizar os falantes das variedades populares (especialmente os que não tiveram acesso à variedade escolar) como inferiores, ignorantes, limitados. Com uma pitada a menos de preconceito e duas a mais de curiosidade, no entanto, essa diversidade se torna absolutamente fascinante em qualquer idioma.

Se você já teve a oportunidade de aprender um idioma estrangeiro além do primeiro nível de contato (em que normalmente nos é apresentada uma fatia estreita da realidade sociolinguística daquela língua), há de reconhecer o fascínio que é descobrir uma infinidade de sotaques, expressões regionais com jeito arcaico, formas estranhas de usar os verbos, e assim por diante.

Mas e aquele nosso exemplo de tradução?

Por que seria relevante falar dele aqui?

Porque graças à especificidade da formação do nosso idioma, do nosso português, da nossa "língua brasileira", por muito tempo tivemos uma relação com a escrita, com o padrão escolar, um pouco diferente da que os portugueses tiveram. Nós nos víamos apenas convidados na festa, não como parte dos donos da casa. O catálogo das coisas que dizemos (por vezes mesmo em situação formal) sem nos atrevermos a escrever tem um tamanho não muito diferente da lista das coisas que escrevemos mas não diríamos nem mortos.

Entre as muitas desigualdades estruturais que formaram o Brasil, não é absurdo dizer que consta também o abismo que separa nossos usos linguísticos reais da norma que a escola por muito tempo acatou sem nem mesmo questionar.

E sem dúvida não há de parecer surpreendente que esse abismo, essa clivagem profunda da nossa sociedade, destinada a marcar alguns brasileiros como menos do que os outros, tenha também um fundo racial.

Uma língua, muitas línguas

Lembra quando este livro abandonou o português europeu lá em 1572, dizendo que a partir dali a parte mais turbulenta da história dele estava, de certo modo, resolvida?

A segunda metade do século XIX talvez seja o momento em que se possa dizer o mesmo do Brasil. A formação da nossa língua já tinha passado por suas etapas mais inovadoras, inéditas, transformadoras. Mas, como lá, aqui também isso não equivaleu a dizer que estava tudo pronto. Língua nenhuma, em momento nenhum, jamais esteve pronta. No nosso caso, ainda tínhamos (e temos) tarefas de casa importantes para resolver.

Só para começar, a narrativa desse embate entre o português brasileiro real e a norma escolar ainda está muito longe de ser resolvida e, nas últimas décadas, assumiu definitivamente o aspecto de um confronto entre os mundos rural e urbano.

A maior mudança demográfica, social, política e linguística que caracterizou o período pós-abolição da escravidão no Brasil foi precisamente a intensa urbanização de um país que, em finais do século XIX, era quase todo rural e que migrou em massa para as cidades. Com isso, em termos linguísticos, passamos a ver, de um lado, o acirramento do confronto entre o português brasileiro desenvolvido no meio rural, onde a presença da população escravizada era ainda maior, e as formas urbanas, cosmopolitas e, em certo sentido, mais europeias do português brasileiro, que viriam a modelar a norma escolar impositiva.

Se antes desse grande afluxo de pessoas e de hábitos do campo as cidades podiam, até certo ponto, viver em sua bolha linguística, agora o confronto se tornava inescapável. E se essa migração serviu para tensionar as diferenças, serviu também (e serve cada vez mais) para provocar uma gradual permeabilização da norma culta, que aos poucos vai sendo tomada por padrões e registros antes excluídos. Mais uma vez, a força da multiplicidade.

Hoje, além de tudo, com a virada econômica e cultural (em que *caipira* virou *sertanejo* e a *roça* se transformou no *agro*), algumas características associadas ao eixo não urbano deixaram de ser marcadas de maneira tão uniformemente negativa, atropelando, também elas, distinções de classe e de origem geográfica, e disputando com outras normas regionais uma futura posição de domínio. Nada ilustra melhor essa situação que a difusão do que os linguistas chamam de "rótico retroflexo", normalmente descrito pelos falantes como "*r* caipira" e que pode ter surgido da dificuldade que tinham os falantes de línguas tupis para diferenciar os sons do *l* e do *r*.

Na minha infância ele era praticamente inexistente em Curitiba, e na grande mídia nacional só era admitido como caricatura ou em determinados ambientes típicos. Hoje, minha filha é usuária ocasional mas constante desse som, que não fazia parte da variedade falada nem por mim nem por sua mãe.

Claro que, como sempre, não cabe fazer previsões, mas de fato parece que o retroflexo (marca antiga das variedades rurais brasileiras) vem ganhando força. E pode se tornar cada vez mais comum e aceito à medida que figuras como o rapper Emicida, por exemplo, fazem com que ele seja ouvido nos contextos mais variados. Um fato curioso, e que demonstra o quanto podem ser velozes as mudanças que afetam os sons dos idiomas, é que esse mesmo som de *r*, que hoje é marca característica do inglês dos Estados Unidos e domina o país quase integralmente, começou a ganhar espaço por lá apenas depois da Segunda Guerra Mundial.

Em termos nacionais, além disso, esse movimento de grandes contingentes de trabalhadores (forçados ou não) continuou misturando as variedades do nosso português e fundindo, num todo um tanto mais coeso, o que de outra maneira poderia ter se estilhaçado num mosaico de dialetos cada vez mais isolados e diferentes uns dos outros. Isso ocorreu ao longo do século XX com os gaúchos (via de regra, habitantes do oeste dos três estados da região Sul) subindo rumo ao Pantanal e ao Norte; com os cearenses que no século XIX repovoaram a Amazônia depois da violenta repressão à revolta da Cabanagem; e também com o êxodo mais recente de nordestinos para a região Sudeste, sobretudo São Paulo.

Esses movimentos não necessariamente apagam diferenças; o que eles podem fazer é gerar em cada local um convívio maior dessas diferenças. Até por isso, qualquer ideia de um padrão unificado para o português brasileiro ainda está em aberto.

Você já pode ter ouvido que determinada cidade do Brasil é onde se fala *o melhor português*. Não vale nem a pena entrar no mérito e discutir, de novo, o absurdo que é achar que uma variedade possa ser melhor que as outras. Mas vale lembrar que a lista de cidades que outorgam a si mesmas esse título é bem considerável, e que cada uma delas tem um português bem diferente das outras!

O Rio de Janeiro, capital do Estado do Brasil a partir de 1763 e capital federal até a inauguração de Brasília, em 1960, esteve em excelente posição para ocupar esse posto de cidade-centro, no que, até certo ponto, foi bem-sucedido, em muito por causa da centralização da mídia nacional na cidade. Tendo crescido no sul do Brasil nos anos 1970 e 1980, ainda recordo um mundo em que certo sotaque carioca era visto como marca segura de refinamento.

Mas essa pretensa segurança do padrão carioca também mascara fatos ainda facilmente perceptíveis em nossa história recente. Basta comparar entrevistas e gravações de músicas de cantores e cantoras cariocas anteriores, digamos, aos anos 1980, para perceber que em suas apresentações voltadas para o país inteiro eles atenuavam certas marcas de seu sotaque, a fim de se aproximar de uma pronúncia mais neutra. O desejo de definir uma tal forma de falar chegou a ser objeto de discussão e de encontros públicos realizados a partir dos anos 1940.

Por outro lado, a cidade de São Paulo, centro magnético do Brasil há séculos, passou boa parte do tempo resolvendo seus próprios problemas sociolinguísticos, diretamente marcados pela dinâmica rural-urbano, incapaz, portanto, até pouco tempo atrás, de apresentar uma alternativa clara ao predomínio do Rio de Janeiro.

Há quem pense, inclusive, que o processo de formação de uma identidade linguística paulistana foi em grande medida intermediado pelos migrantes europeus (especialmente italianos). Essas pessoas, que chegaram em grande número ao estado e à cidade de São Paulo a partir do final do século XIX, gozavam de uma posição singular na sociedade: como migrantes brancos, sofriam muito menos preconceito dos brancos daqui; mas eram migrantes pobres, então conviviam mais de perto com negros e mestiços. Ao ascender socialmente, esses novos brasileiros podem ter ajudado a implementar no português "alto" da cidade as marcas da língua alterada pelos escravizados e utilizada pelos descendentes destes, companhia mais frequente desses migrantes em seus primeiros anos de Brasil.

Eis um processo típica e tragicamente nosso. Um elemento autenticamente negro e popular só passa a ser aceito pela elite "branca" (entre muitas aspas) quando trazido por um grupo de europeus capazes de levá-lo até as camadas mais altas da sociedade, cujo acesso lhes foi franqueado de maneira mais fácil graças à cor da pele.

Talvez tenha sido apenas na virada do século XXI que enfim se desenhou o potencial de uma "norma urbana culta" paulistana de alcance nacional; só a partir daí é que ela esboçou os primeiros passos para se infiltrar na televisão, e na cultura em geral, como uma possível "referência". Mas tudo isso talvez tenha chegado tarde demais para que São Paulo se apresente como forte candidata ao posto de centro único de referência e de difusão da norma linguística do português brasileiro real. Afinal, talvez não estejamos mais no tempo dos centros.

Essa ideia, afinal, parte de uma leitura um tanto ingênua, antiquada e mal informada, que acredita se embasar em padrões europeus. A crença seria de que os idiomas do dito Primeiro Mundo são ensinados para estrangeiros, por exemplo, com base no uso típico de uma única cidade (ou, para sermos mais honestos, com base no uso típico da classe privilegiada de uma única cidade, em registro formal).

Isso nem é exatamente verdade. E mesmo quando é, ou quando tenta ser verdade para o ensino de língua estrangeira, não quer dizer que reflita a realidade daquele mundo.

O francês parisiense branco mais estereotípico, muito citado como exemplo, pode ser até estigmatizado na própria França por soar presunçoso. Imagine, então, o que acontece quando a gente coloca na roda o inglês, a língua mais falada do mundo e, possivelmente, a mais universal da história da humanidade. Seu centro estaria na velha Inglaterra (Londres seria a escolha óbvia) ou nos Estados Unidos, país bem mais populoso e há mais de um século também mais influente cultural, política e economicamente? E se o nosso pêndulo se inclinar para o Novo Mundo, qual seria a cidade de referência? Nova York tem mais de um sotaque, e todos eles são de alguma maneira estigmatizados fora de lá. Washington D.C., a capital, não é uma referência real.

De onde vem o inglês americano?

Esse aparente pluricentrismo está na verdade mais perto de ser a regra do mundo moderno do que a exceção. Pense nos estados brasileiros e na frequência com que a norma mais típica da capital de cada um deles só tem validade dentro daquela cidade, sem se estender por todo o território. Em se tratando, além de tudo, de um país com uma capital criada artificialmente há poucas décadas (ainda mal caracterizada em termos de "um" sotaque), qual seria o centro de referência do português brasileiro?

Aí sim.

Isso pode descrever muito bem a nossa realidade.

Somos um feixe variado de normas divergentes, e não apenas em termos de sotaque, elemento mais costumeiramente evocado para tratar da diversidade de normas regionais. Um bom exemplo: embora quase todo o país empregue o pronome *você* (já passou da hora de a gente assumir que é um pronome), ainda há grandes bolsões de uso de *tu*, com ou sem flexão do verbo na segunda pessoa. Dizemos *você fez, tu fez, tu fizeste* (e também *tu fizesse*, como no litoral catarinense). E isso acontece com um elemento central da gramática do idioma, do tipo que se aprende nas primeiras aulas de qualquer língua estrangeira.

E não para por aí.

O que dizer do fato de que a minha norma, por exemplo, diferencia graus de formalidade entre construções como "Você me trouxe o seu livro" (engravatada) e "Você me trouxe o teu livro" (de pijama)? Lembra quando vimos que toda variedade tem sua gramática? A minha geração de curitibanos lida não com um "erro" de concordância, mas com uma delicada regra de aplicação variável e determinação contextual. E isso, cara leitora, caro leitor, também é gramática.

O mesmo vale para os imperativos. Na minha norma, "Traga isso pra mim" é uma ordem e "Traz isso pra mim", um pedido. Essa regra, aliás, parece estar penetrando, de maneiras às vezes atrapalhadas, no discurso da publicidade e das redes sociais.

E como lidar com a fronteira móvel que divide o país em dois quanto ao uso (ou não) de artigo definido diante de nome próprio em situação de informalidade

("Eu amo a Sandra" versus "Eu amo Sandra")? Outra regra que parece estar em constante mudança.

São especificidades como essa (e tantas, tantas outras) que ainda nos fascinam e nos desorientam, neste nosso país que constantemente parece desafiar as tendências de regularização e centralização.

Se hoje os brasileiros, tão mais numerosos, transformaram o português na sexta língua com mais falantes nativos no mundo, é de se imaginar que um estrangeiro que pretenda aprender o idioma favoreça a nossa variedade, em detrimento, por exemplo, da europeia. Mas qual variedade brasileira ensinar, ao menos num primeiro momento?

Mesmo num cenário de respeito à variedade, de interesse por ela, pode ser proveitoso contar com uma versão aparentemente neutra do idioma para fins de ensino e, por vezes, de divulgação. Por outro lado, mesmo a centralizadora mídia televisiva brasileira parece estar se abrindo mais para pronúncias e normas regionais. Será que neste, como em outros campos, esperamos para saber se vamos tentar adotar um pretenso modelo europeu de escolha de um centro? Ou, ao contrário, caminhamos para algo como o "universal lateral" de que alguns filósofos andam falando, uma ideia de se chegar ao consenso via tradução, via aceitação da diferença? Quem sabe para a "unimultiplicidade" de Tom Zé, onde cada um de nós, sozinho, já é "a casa da humanidade"?

A ideia do escritor austríaco Stefan Zweig de que o Brasil seria "o país do futuro" talvez não signifique, necessariamente, que um dia vamos ser melhores do que o famoso Primeiro Mundo nas regras do jogo que eles mesmos inventaram. Quem sabe a interpretação mais adequada dessa frase não seja que o Velho Mundo é que se tornará mais parecido com o nosso? Alemães negros com sobrenomes turcos e olhos puxados; italianos magrebinos de olhos azuis casados com finlandesas de ascendência guatemalteca. Nada estranho para quem cresceu olhando bem para o Brasil.

Que tal voltar a uma ideia lá de trás, para sintetizar esses impasses?

Pois bem.

Durante um belo pedaço do século XIX, e sempre que surgia alguém com suficiente tempo livre, a oposição Europa-América retomava proeminência nos debates do campo linguístico. Afinal, qual seria o melhor nome para a nossa língua? Deveríamos usar "brasileiro" de uma vez?

Não se trata, porém, de uma questão que possa ser respondida recorrendo-se apenas à ciência linguística. Como já vimos, a vontade política e a identificação cultural e histórica têm um peso muito maior em casos assim. E mesmo que quiséssemos recorrer à linguística... o que ela teria a dizer? Como medir a distância entre o português "deles" e o "nosso", entre o lusitano e o brasileiro (fazendo de conta que existe estabilidade e uniformidade internas de cada lado do oceano)?

Pode parecer que uma eventual "diferença média" entre o lusitano e o português seja maior, por exemplo, do que a diferença entre o inglês dos Estados Unidos e o da Inglaterra. E essa distância ainda fica exacerbada pela assimetria da exposição dos falantes de cada lado à norma do outro: os portugueses estão saturados de brasileirismos (depois da pandemia de covid-19, houve gente reclamando que as crianças portuguesas tinham visto tantos desenhos dublados ou produzidos aqui que já estavam virando linguisticamente brasileiras), enquanto nós temos menos acesso à fala deles.

E isso significa o quê?

Falamos português, português brasileiro, brasileiro, brasileirês? Ou devemos ficar com a formulação que, talvez para evitar o problema, por décadas o nosso país adotou em documentos oficiais e até na Constituição, "idioma nacional"? Aliás, esse é mesmo o maior dos nossos problemas?

Será que não estamos, como no já mencionado confronto com o pensamento indígena, demonstrando o quanto mesmo o nosso raciocínio pró-diversidade acaba denunciando suas origens, suas bases em sistemas que precisam de um centro, de uma definição, de fronteiras e rótulos, de uma organização em algum sentido hierárquico?

Do meu ponto de vista, fico ainda com a ideia do cantor que me emprestou o nome.

A língua é minha pátria
E eu não tenho pátria, tenho mátria
E quero frátria

Numa história em que as mães parecem ter tido um papel tão central (por que aquelas palavras africanas ligadas à infância nos são tão caras?), e que acabou gerando essa nossa estranha e poderosa *irmandade*, uma nação e uma comunidade baseadas na maternidade e na fraternidade, na *mátria* e na *frátria*, me parecem mais sedutoras como potencial e mais definidoras do que possa existir de esperançoso no "modelo brasileiro" de formação linguística: uma história que parece ter muita ligação com os modelos ameríndio e africano, todos eles baseados em estruturas menos lineares, delimitadas e rígidas, mais interpenetráveis e flexíveis. Estruturas de uma língua que de fato criou uma coisa distinta aqui na *lusa-mérica* mencionada por Caetano Veloso: o convívio entre *flor do Lácio* e *sambódromo*. Um idioma que gerou inclusive essa coisa maravilhosa que é a palavra *sambódromo*, mistura de um radical grego que significa "correr" (*hipódromo*, lugar onde correm os cavalos) com uma palavra africana que, segundo Yeda Pessoa de Castro, originalmente queria dizer *oração*.

Estruturas coloridas, inventivas, populares e resistentes da nossa "inculta e bela" flor de qualquer canto, a "água" à nossa volta, que mal percebemos que existe, o nosso ambiente, o nosso mato.

Nosso latim em pó.

E quem há de negar que esta lhe é superior?

Você que me acompanhou até aqui é portanto meu irmão, minha irmã neste nosso idioma. Falamos a mesma língua porque falamos versões diferentes de uma mesma língua sem um centro nítido, sem determinação única. Um idioma de muitas verdades.

E a nossa frátria continua a incluir os portugueses, é claro. Não se deixe enganar por qualquer sensação de exclusão que eu possa ter causado. Se pareceu assim, foi somente pela necessidade de me contrapor um tiquinho a modelos meio velhos e emperrados. O mesmo afeto que me evocam as palavras *cafuné* e *xará* também brota vigorosíssimo e doce quando ouço alguém chamar uma xícara de *chávena*, quando ouço Maro cantar.

E a nossa irmandade há de incluir também todo o resto da dita lusofonia (nosso sistema é espaçoso) em Angola, Moçambique, Cabo Verde, Guiné-Bissau, São Tomé e Príncipe, Macau, Timor Leste, Goa, Damão e Diu. Sintam-se todos em casa.

Assim como todos os falantes de crioulos de base portuguesa.

E os milhões e milhões de mortos do passado, nossos antepassados nas estepes da Ucrânia, nas penínsulas da Ibéria e da Itália, nas terras germânicas do centro da Europa, na Arábia, no Magrebe, na Sibéria e nesta América, na África toda, inteirinha cortada pela cicatriz dos séculos de escravismo. Todas aquelas pessoas que um dia ergueram as vozes que nos deram o "céu" (indo-europeu) "azul" (persa), que nos desejaram "axé" (fon), que nos moldaram o "barro" (ibérico) ou um "carro" (celta) de "boi" (latim), aquelas que por "azar" (árabe) atravessaram "guerras" (germânico), as mães que nos fizeram "pipoca" (tupi) e zelaram por nossos "cochilos" (banto).

E migrantes do mundo inteiro que vieram e virão com palavras, sangue, suor e com novas maneiras de alterar, para sempre, essa floração estranhíssima (como todas) do indo-europeu que acabou florescendo em terras tupiniquins e daí quis perfumar o mundo.

E nossa língua não é apenas feita das vozes do passado e do nosso presente; ela inclui também aquela menina do início deste livro, que está nascendo agora e que nasce sempre, que virá e que esteve aqui antes de todos nós, que forma e que herda tudo isso,

história,

patrimônio,
legados,
repertórios,
traumas,
dádivas e privilégios,
e que disso tudo vai fazer milagre ainda maior, mais imprevisível e mais fértil.

Luzia, isso tudo é teu também.

Você talvez enfrente tempos difíceis, nos quais tudo de bonito e de poderoso que a formação desta língua representa venha a ser questionado, atacado, vilipendiado. Tempos de crise como tantos outros; tempos de crise como nenhum outro.

Mas eu acredito em você.

Você, que recebe e reconcebe a herança de milhares de anos de migrações e mudanças, da história de seres humanos de quatro continentes distintos que vieram formar as palavras às quais você dará sentidos novos. Um mundo inteiro reunido para que você possa expressar sentimentos que ainda não sabe que vai ter, um repertório de frases ainda desconhecidas que você nem imagina que vai poder pronunciar.

Uma língua que foi de tanta gente antes de ser tua também.

Eu daqui me despeço e te digo em bom latim clássico (*saluare*) mastigado pela plebe do Império Romano (*salvare*), estropiado pelos celtiberos, desentendido pelos germânicos, tingido pelos árabes (*salvar*), imposto aos indígenas da América (*sarvá*) e finalmente alterado pelos padrões silábicos dos idiomas de negros africanos:

Saravá.

Seja bem-vinda.

Agradecimentos

Tudo começou com uma longa conversa telefônica com Felipe Hirsch, que me convidava para participar da concepção do seu espetáculo *Língua brasileira*, baseado em canções de Tom Zé. Depois da peça vieram o disco homônimo e o documentário *Nossa pátria está onde somos amados*. E agora vem este livro. Ao Felipe, irmão nessa história toda, ao gênio Tom Zé (o erê), à musa Neusa, à Juuar, à Sarah Rogieri e a todos os ULTRALÍRICOS, meus amigos de infância descobertos ainda há pouco, um gigantesco obrigado por terem me colocado nessa rota.

Enquanto o livro ia sendo fechado, participei, também a convite do Felipe, das comemorações do Dia Internacional da Língua Portuguesa em São Paulo, onde fui acolhido com uma generosidade sem igual por toda a equipe do Museu da Língua Portuguesa, essa instituição preciosa e ora mais que milagrosa. Obrigado portanto a Renata Motta, Isa Grinspum Ferraz, Marília Bonas,

Alita Mariah, Vinícius Rigoletto, Clara Machado, David Costa, Marina Toledo, Emerson Prata, Lucas Borges e Renata Furtado. Nesse evento ouvi muitas conversas que me tocaram e mudaram de maneira definitiva os rumos deste texto. Agradeço a todos os participantes, com um destaque especial a Paulo Scott, Veronica Stigger, Juliano Garcia Pessanha, à professora Yeda Pessoa de Castro (Yeda Muntu) e a André Baniwa, Davi Kopenawa, Daiara Tukano e Ailton Krenak (que num ato falho rebatizou o lugar de "museu da língua perigosa").

Fica também um mais que devido agradecimento a toda a equipe por trás do documentário *Nossa pátria está onde somos amados*, rodado durante o evento.

No meu mundo, a universidade, cabe agradecer em primeiro lugar a todos os meus alunos, ao longo de 25 anos, que me ajudaram a ir chegando a esse jeito de pensar as coisas. E muito especialmente à turma de Língua Portuguesa v do segundo semestre de 2021 aqui na UFPR, que devido à pandemia só se encerrou em 2022. Além de ter sido minha primeira turma presencial na graduação desde março de 2019, foi um grupo de alunos mais que especial, com o qual tive conversas excelentes, que me ensinou muito e ajudou a decidir pôr essas ideias entre capas. A turma seguinte, no período noturno do primeiro semestre de 2022, também deixou suas marcas em tudo que aparece aqui.

Além deles, agradeço aos meus colegas do Departamento de Literatura e Linguística, do Programa de Pós-Graduação em Letras da UFPR, e também ao CNPq, cuja bolsa de produtividade em pesquisa me auxiliou neste trabalho.

Muita gente leu versões preliminares deste livro, e você, cara pessoa que me lê e que me leu, deve muito a elas, que transformaram este livro numa coisa muito melhor do que seu "autor" ousaria imaginar.

Aliás, vale fazer aqui um elogio direto ao ambiente de colaboração que existe na "academia", no mundo universitário. Quando você lê textos escritos por pesquisadores desse mundo, eles normalmente fazem comentários como esse que acabei de fazer, sobre a importância dessas leituras prévias feitas por "pares". E não imagine que se trata apenas de boa educação ou de elegância. Nós nem somos as pessoas mais educadinhas e elegantes do mundo. Neste livro, por exemplo, parágrafos inteiros foram reescritos, ideias foram incorporadas, alteradas e por vezes excluídas, noções foram revistas e abordagens repensadas, tudo graças à generosidade dessas pessoas, colegas ou não, que se dispuseram a ler o manuscrito, a comentar e sugerir. O livro leva na capa o nome de um autor, e hão de ser dele as culpas por qualquer erro ou inadequação, sempre. Inclusive nos casos em que, por estar escrevendo para um público mais amplo, precisei ativamente ignorar comentários de colegas muito mais atilados do que eu, que no entanto demandariam às vezes páginas de discussões técnicas cheias de notas de rodapé. O que existe de sólido aqui foi construído por muitas mãos.

Agradeço também, portanto, a quatro pessoinhas encantadas e profissionais magníficos: a divinal agente literária Lucia Riff e a supremíssima editora e comparsa Luara França, que deram vida e forma a essa ideia toda e, depois delas, à Ciça Caropreso, que há mais de uma década salva os leitores do meu texto truncado, e ao Willian Vieira, que fechou o documento e deu ideias preciosas. Agradeço também ao Alceu Chiesorin Nunes por esta capa maravilhosa e, na verdade, a todo mundo envolvido com o projeto na Companhia das Letras, que tem me acolhido há tanto tempo.

Devo muito do meu interesse pela língua portuguesa e por suas variedades ao meu pai baiano, Lauro Antonio Lima Galindo, e à minha mãe catarinense-curitibana, Iracema Waldrigues Galindo (in memoriam). Agradeço ao meu irmão, Rogerio W. Galindo, à minha filha, Beatriz Ribeiro Galindo; a José Luiz da Veiga

Mercer, que me despertou a curiosidade por tudo isso; a José Luiz Fiorin, que me acompanhou em minha trajetória; a Rodrigo Tadeu Gonçalves, um ex-aluno que há tempos me ensina; a Thomas Finbow, a Sérgio Rodrigues e especialmente a meu mestre perene Carlos Alberto Faraco: esses foram os três mosqueteiros que me deram uma consultoria miúda, fina e preciosa; a Marcio Renato Guimarães, colega de jornada; a Guilherme Gontijo Flores, parceiro; a Mauricio Lyrio, leitor constante de rascunhos e rabiscos; a André Tezza, companheiro das antigas; a Raquel Zangrandi, que sempre confiou nos irmãos Galindo; a Noemi Jaffe, irmã em Ali; a Cristovão Tezza, o melhor dos vizinhos; a Mauricio Mendonça Cardozo, Álvaro Silveira Faleiros e Mamede Mustafa Jarouche, amigos e leitores finíssimos; ao padre Affonso Robl (in memoriam), meu primeiro professor de linguística histórica e imensa inspiração; e, sempre e acima de tudo, à minha mulher, Sandra M. Stroparo, que não apenas lê, mas me dá motivos pra escrever, que é pra ver se eu me sinto um tantinho mais próximo de estar à altura dela.

Leituras sugeridas

A ideia desta lista é oferecer referências que permitam um olhar mais aprofundado sobre os vários assuntos abordados neste livro, caso a curiosidade te leve a querer mais. Estes livros, por sua vez, podem te levar a outros, e assim por diante. Todos foram muito importantes para a minha formação geral e para o que veio a ser este *Latim em pó*; todos podem ser lidos por um público amplo. Tentei evitar a inclusão de textos em língua estrangeira e de interesse estritamente acadêmico, já que este é um livro destinado ao público geral. Mas de novo: se você quiser entrar nos detalhes desses campos, a bibliografia de cada um destes volumes aponta caminhos novos.

BAGNO, Marcos. *Preconceito linguístico*. São Paulo: Parábola, 2015.
O livro de Bagno já vendeu quase 250 mil exemplares e, como poucos, mudou o pensamento brasileiro a respeito desse tema tão fundamental.

BAGNO, Marcos; CARVALHO, Orlene Lúcia de Saboia. *Pororoca, pipoca, paca e outras palavras do tupi*. São Paulo: Parábola, 2014.

Uma abordagem mais leve sobre a contribuição do tupi para o nosso vocabulário.

BASSO, Renato Miguel; GONÇALVES, Rodrigo Tadeu. *História concisa da língua portuguesa*. Petrópolis: Vozes, 2017.

Outra breve apresentação da história do nosso idioma, sólida, perfeita representação de uma abordagem ao mesmo tempo tradicional e atualizada do tema.

CALVET, Jean-Louis. *Sociolinguística: Uma introdução crítica*. São Paulo: Parábola, 2002 (Trad. de Marcos Marcionilo).

Uma introdução sucinta ao campo dos estudos da variação dos idiomas em uso pelas sociedades.

CASTRO, Yeda Pessoa de. *Camões com dendê*. Rio de Janeiro: Topbooks, 2022.

Seria possível recomendar tudo que a professora Yeda publicou em décadas de carreira. No entanto, esse lançamento recente dá conta de passar a limpo sua contribuição e rever seus pontos principais. Ela de fato acredita que a chave para a compreensão das especificidades do nosso português é a mistura de um elemento de certa forma conservador com a contribuição africana: o título não é mero chamariz.

CAVALLI-SFORZA, Luigi Luca. *Genes, povos e línguas*. São Paulo: Companhia das Letras, 2003 (Trad. de Carlos Afonso Malferrari).

Trabalho que une a investigação histórica linguística a dados de arqueologia e genética para ampliar a nossa compreensão do passado da humanidade.

DEUTSCHER, Guy. *O desenrolar da linguagem*. Campinas: Mercado das Letras, 2014 (Trad. de Renato Basso).

Boa apresentação, em tom de divulgação científica, de questões relacionadas ao surgimento da linguagem humana.

FIORIN, José Luiz; PETTER, Margarida (Orgs.). *África no Brasil: Formação da língua portuguesa*. São Paulo: Contexto, 2014.

Novamente um registro mais acadêmico. Uma profunda apresentação das questões mais significativas do tema, organizado por uma pesquisadora importante da área e por um linguista fundamental, e, diga-se de passagem, meu orientador de doutorado.

FREIRE, José Ribamar Bessa; ROSA, Maria Carlota (Orgs.). *Línguas gerais: Política linguística e catequese na América do Sul no período colonial.* Rio de Janeiro: EdUERJ, 2003.

Para quem quiser saber mais sobre as línguas gerais, numa pegada mais acadêmica.

GOMES, Laurentino. *Escravidão – volume 1: Do primeiro leilão de cativos em Portugal até a morte de Zumbi dos Palmares.* Rio de Janeiro: Globo, 2019.

_____. *Escravidão – volume 2: Da corrida do ouro em Minas Gerais até a chegada da corte de dom João ao Brasil.* Rio de Janeiro: Globo, 2021.

_____. *Escravidão – volume 3: Da Independência do Brasil à Lei Áurea.* Rio de Janeiro: Globo, 2022.

Os três preciosos volumes em que Laurentino Gomes sintetiza décadas de pesquisa acadêmica em textos de acesso fácil e de imenso impacto.

GUIMARÃES, Márcio Renato. *Do protoindo-europeu ao português*. No prelo.

Espero que este meu livrinho logo tenha a companhia do material que o meu colega de UFPR vem preparando há anos e que vai tapar uma lacuna muito grande da nossa bibliografia. Nesse meio-tempo, os interessados podem ir acompanhando o blog dele em <protoindo europeu.org>.

HARARI, Yuval Noah. *Sapiens: Uma breve história da humanidade*. São Paulo: Companhia das Letras, 2020 (Trad. de Jorio Dauster).

Exposição detalhada do surgimento da nossa espécie. Sobretudo os primeiros capítulos podem interessar a quem quiser saber mais a respeito das migrações do *Homo sapiens* desde a África.

LABOV, William. *Padrões sociolinguísticos*. São Paulo: Parábola, 2008.

Uma ligeira exceção à minha promessa de não entrar em textos acadêmicos. Mas o clássico absoluto do fundador da sociolinguística variacionista, inicialmente publicado em 1972, é legível por pessoas interessadas, e continua fundamental.

LAGARES, Xoán Carlos. *Qual política linguística: Desafios glotopolíticos contemporâneos*. São Paulo: Parábola, 2018.

Apresentação de um assunto complexo que foi pouco abordado aqui, do ponto de vista de um linguista galego radicado no Brasil.

LOPES, Luís Paula M. (Org.). *O português no século XXI: Cenário geopolítico e sociolinguístico*. São Paulo: Parábola, 2013.

Outro volume que ajuda a dar conta de questões que ficaram apenas esboçadas ao final do livro. Para quem tem mais tipos de curiosidade.

LOPES, Reinaldo José. *1499: O Brasil antes de Cabral*. Rio de Janeiro: HarperCollins, 2017.

Belíssima apresentação da situação do nosso país no período anterior ao "descobrimento".

NAVARRO, Eduardo de Almeida. *Método moderno de tupi antigo: A língua do Brasil dos primeiros séculos*. São Paulo: Global, 2006.

Mais importante método publicado no Brasil, por um especialista no tema.

OTHERO, Gabriel de Ávila. *Mitos de linguagem*. São Paulo: Parábola, 2017.

OTHERO, Gabriel de Ávila; FLORES, Valdir do Nascimento. *O que sabemos sobre a linguagem: 51 perguntas e respostas sobre a linguagem humana*. São Paulo: Parábola, 2022.

Dois livros publicados para apresentar questões gerais de linguagem e de linguística a um público mais amplo. Eu mesmo participo do segundo respondendo a uma pergunta sobre tradução.

RODRIGUES, Aryon. *Línguas brasileiras: Para o conhecimento das línguas indígenas*. São Paulo: Loyola, 1986.

Um clássico, escrito pelo pesquisador que praticamente formou o campo dos estudos das línguas indígenas no Brasil.

RODRIGUES, Sérgio. *Viva a língua brasileira*. São Paulo: Companhia das Letras, 2016.

Um belo começo para qualquer aprofundamento, almanaque amplo, interessante e pra lá de sólido.

SCHWARCZ, Lilia M.; STARLING, Heloisa M. *Brasil: Uma biografia*. São Paulo: Companhia das Letras, 2015.

Fundamental para a compreensão das questões mais amplas da nossa história, numa visão atualizadíssima em termos de pesquisa e de metodologia.

SILVA, Alberto da Costa e. *A enxada e a lança*. Rio de Janeiro: Nova Fronteira, 2022.
_____. *Imagens da África*. São Paulo: Companhia das Letras, 2012.

Seria fácil, e nada mais que honesto, indicar toda a produção deste africanista fundamental na história do Brasil. Fico com estes dois, um profundo estudo da história da África antes de os europeus chegarem até lá e um volume mais leve, bela síntese de sua carreira.

E aqui vai uma entrada toda especial para alguns textos do meu orientador de mestrado, Carlos Alberto Faraco, um dos mais importantes pensadores de todo esse campo. Sem nenhum exagero. Vão aqui só alguns livros do muito que ele tem escrito.

Linguística histórica: Uma introdução ao estudo da história das línguas. São Paulo: Parábola, 2005.

Manual sucinto que apresenta detalhadamente esse campo e seus métodos.

História do português. São Paulo: Parábola, 2019.
Sua versão breve para a história da língua, onde ele se dedica bastante à versão brasileira do idioma e à sua formação. Livro que uso constantemente como base do curso que ministro na graduação e que, você vai ver, alimentou páginas e páginas do que aparece aqui.

História sociopolítica da língua portuguesa. São Paulo: Parábola, 2016.
Livro que de certa forma definiu um novo campo de estudo, misturando história, política e linguística para falar dos desafios do estabelecimento da língua portuguesa como idioma nacional.

Norma culta brasileira: Desatando alguns nós. São Paulo: Parábola, 2008.
Uma obra que rapidinho virou clássica, abordando o imenso problema da relação entre o português "de verdade" e a norma "curta" de certa tradição gramatical.

1ª EDIÇÃO [2022] 8 reimpressões

ESTA OBRA FOI COMPOSTA EM MINION PELO ESTÚDIO O.L.M.
E IMPRESSA EM OFSETE PELA LIS GRÁFICA SOBRE PAPEL PÓLEN DA
SUZANO S.A. PARA A EDITORA SCHWARCZ EM ABRIL DE 2025

A marca FSC® é a garantia de que a madeira utilizada na fabricação do papel deste livro provém de florestas que foram gerenciadas de maneira ambientalmente correta, socialmente justa e economicamente viável, além de outras fontes de origem controlada.